爱悦　　爱相伴，悦成长

U0629251

构建积极家庭

教你运用积极心理学轻松育儿

曹志涛◎著

天津出版传媒集团

天津科学技术出版社

图书在版编目（CIP）数据

构建积极家庭：教你运用积极心理学轻松育儿 / 曹
志涛著 . -- 天津：天津科学技术出版社，2021.10（2022.2 重印）
  ISBN 978-7-5576-9732-7

  Ⅰ . ①构… Ⅱ . ①曹… Ⅲ . ①家庭教育 Ⅳ . ①G78

  中国版本图书馆 CIP 数据核字(2021)第 209377 号

构建积极家庭：教你运用积极心理学轻松育儿
GOUJIAN JIJI JIATING : JIAONI YUNYONG JIJI XINLIXUE QINGSONG YUER
责任编辑：刘　颖

出　　　版：天津出版传媒集团
　　　　　　天津科学技术出版社
地　　　址：天津市西康路35号
邮　　　编：300051
电　　　话：(022)23332372　(022)23332392
网　　　址：www.tjkjcbs.com.cn
发　　　行：新华书店经销
印　　　刷：天津新华印务有限公司

开本 710×1000　1/16　印张13　字数150 000
2022年2月第1版2次印刷
定价：59.90元

序言

从前，心理学的研究焦点集中于测评并治愈个人心理疾病，它面向少数有需要的群体，关注人的负面信息。那么更多的普通人又该如何保持自己的身心健康，如何使生活变得更美好呢？

1998年，美国心理协会主席马丁·塞利格曼教授创建积极心理学，他呼吁心理学在研究减少人类的苦难和祛除人生的困境之上，应当再补充一个新的目标：探讨人生的美好之处和使人生美好的有利条件。这将心理学的研究目光转向更广阔的领域，不再局限于应对苦难和困境。由此，在世界范围内掀起了一股积极心理学的浪潮。

积极心理学致力于研究普通人的活力与美德，探讨普通人如何在良好的条件下更好地发展、生活；具有天赋的人如何使其潜能得到充分地发挥，等等。随着积极心理学的不断发展，"幸福"这一研究主题的含义也在不断丰富，如今，它的目标是让生命变得更加丰盈、蓬勃。

积极心理学因其强大的实用性和适用性，被广泛应用到各个领域。积极家庭正是积极心理学在家庭教育中的应用，是一种可以让孩子有安全感、幸福感、获得感的家庭养育之道。在当今的教育体系下，许多父母学习家庭教育知识，主要是将侧重点放在如何提升孩子的学习成绩上,而积极家庭不仅关注孩子传统的学业技能,还致力于培育他们健全的人格,提升他们的情绪管理、人际交往、生活投入、建构意义等核心能力,帮孩子追求一种有价值感、意义感、幸福感的蓬勃人生。

塞利格曼教授认为,一个人想要达到蓬勃人生,就必须有足够的"PERMA"。这五个字母分别代表五个元素——积极情绪(Pleasure)、投入(Engagement)、人际关系(Relationships)、意义(Meaning)和成就(Accomplishment),而所有这些都基于关注和发挥一个人自身的品格优势和美德。

通过对积极心理学理论的学习以及多年家庭教育经验的积累,我认为一个积极的家庭不仅要注重个体以上几个方面的培养,还应关注个体的身心健康、个体的发展、自我的构建和对学习能力的培养。因此,我最终将《构建积极家庭——教你运用积极心理学轻松育儿》一书的内容总结为十个模块,分别是积极身心、积极优势、积极情绪、积极投入、积极发展、积极自我、积极关系、积极意义、积极学习和积极成就。

我希望能为广大读者提供一个可供参考的新的家庭教育理念。当大家为孩子的成长苦恼之时,本书可以为大家贡献出一份微薄的力量,帮助大家获取一些积极的能量。

关于本书十个模块的简述:

积极身心强调要关注孩子的身心健康,并且学会通过运动、冥想的方式来获取积极身心。

积极优势强调要发现孩子的优势品格和美德,践行优势教育。

积极情绪主要介绍如何培养孩子认识与管理情绪的能力,如何引发和提升积极情绪,以及如何调节消极情绪。

积极投入旨在通过培养孩子对生活与学习的内在动机,来提升其专注度和投入度,让其学会主动创造福流,投入并爱上所做之事,体会过程中的快乐。

积极发展旨在让家长了解孩子在各个年龄段生理、认知和心理不断发展和变化的特点,并积极满足其相应的需求。

积极自我主要介绍如何培养和提升孩子的自我认识、自尊、自爱、自我接纳、自我效能等能力。

积极关系主要介绍如何培养孩子的社交技能、沟通能力、爱的能力,使其能够建立和维护有价值的人际关系。

积极意义主要介绍如何帮助孩子树立正确的价值观,建立人生意义感和方向感,追求有价值、有意义的梦想。

积极学习通过认识积极学习系统,识别孩子目前遇到的学习困难,针对性地提升孩子的学习能力和学习动力,让孩子爱学习、会学习。

积极成就旨在通过培养孩子遇到挫折后复原的心理韧性和成长性思维,使孩子能坚持不懈地努力,进而提升其实现有价值的目标的能力。

曹志涛

2021年6月

石家庄

积极家庭是充满爱的家庭

2018年全国教育大会上，习近平主席用这样"四个一"来讲家庭教育，即"家庭是人生的第一所学校，家长是孩子的第一任老师，要给孩子讲好人生第一课，帮助扣好人生第一粒扣子"。因此，家庭教育绝非家族个人的私事，而是国民教育体系的重要组成部分，是社会教育和学校教育的基础。当今家庭教育又承担了我国2035年国家远景规划之一，要把我国人口大国转化为人才大国，这是今天每个家庭、每位家长的社会担当。那么如何让每个家庭都充满爱呢？每位家长都要富有智慧，促使生育、养育、教育三位一体，为新时代培育具有国际视野，自信、自强、自立，具有创新精神的栋梁之才。曹志涛的新作《构建积极家庭——教你运用积极心理学轻松育儿》应该是能给予每个家庭、每位家长很有价值的启示。作者把1998年美国心理学家马丁·塞利格曼倡导的"积极心理学"中提出的积极情绪、投入、人际关系、意义和成就五元素原理，结合现阶段中国家庭教育实践提出了"积极家庭"这一概念。本书阐述了积极身心、积极优势、积极情绪等十个模块,不仅对家庭教育提出了一种新的理念和思路,还提供了富有操作性的建议,是一本富有创意又很实用的著作。我想本书一定会给父母更多的育儿智慧,让父母和孩子都脚下有路,踏实地走;眼中有光,自信地走;心中有爱,快乐地走。愿每一个家庭都成为积极家庭,家庭成员能够共同成长,做更好的自己。

中国科学院心理研究所研究员 博士生导师

国务院国家级有突出贡献专家

张梅玲

2021年8月

推荐序二
愿所有的家庭都幸福

2020年两会召开期间,"建议父母持证上岗"的话题一提出,立即引起了全民热议。更有人戏称如今"三无"家长越来越多。何为"三无"呢？一是"无知",没有足够的养育儿女的知识和智慧;二是"无法",在孩子的成长过程中总会面临源源不断的问题,但找不到正确合适的教育方法;三是"无奈",孩子青春叛逆期,无法沟通,矛盾不断,家长面对这些问题束手无策,内心痛苦不已,最后只剩下无奈。

为人父母,都希望与自己的孩子相处融洽,自己的孩子学习成绩优异的同时还明理懂事,并且将来有所成就。然而实际情况往往相左,家长们大多很难和自家孩子和谐相处,原来的"孩子都是自己的好",变成了"都是别人家的孩子好",甚至来自原生家庭的一系列问题都直接或间接影响了孩子的自身状态,造成了许多亲子之间的矛盾。诚然,家长总是希望得到"治愈"孩子的良方,希望找出孩子的"病根",药到病除,但这是对家庭教育的误解。孩子是一面镜子,映射着父母的生活状态,孩子的许多行为表现，无疑是父母的翻版。父母总说孩子是自己的希望，但同时父母更是孩子的希望。这就提醒父母要先去改变自身的状态，与其把焦点放在如何改善负面问题上，不如多去关注自己和孩子的正面的、良好的品质，构建一个和谐、积极的家庭，让孩子在健康、乐观的环境下长大。

《构建积极家庭——教你运用积极心理学轻松育儿》一书以积极心理学为基石，以通俗易懂的语言将许多心理学理论转化为可以落地实践的方法，并结合作者多年的学习经验与咨询实践，为大家介绍了一个个生动真实的案例。比如，作者开篇先介绍了积极父母的五项修炼，不仅解答了家长的许多困惑，还结合在咨询中遇到的实例，提炼出为人父母应当具有的五项珍贵品质。再比如，在"积极优势"一章中，作者以互动问题为导入，不仅引起了家长对关注孩子优点还是缺点的思考，同时还借助品格优势图，提出了家庭教育的重要模式——优势教育，最后清晰介绍了践行优势教育的落地方法。

我相信，本书会给正处于困惑与迷茫中的父母一些助力，当你细细研读本书时，书中的观点和案例都会让你感到强烈的共鸣，最后从中找到能与孩子和谐相处的方式方法，构建出一个积极向上、充满活力的幸福家庭。

祝愿所有的家庭都幸福！

北京师范大学教授 博士生导师

教育部青年长江学者

蔺秀云

2021年8月

目录

积极父母的五项修炼

中国古代的先哲们大都很重视"内圣外王"之道,从儒家的角度讲,可以简单将"内圣"理解为修身进德、格物致知、正心诚意,"外王"指齐家、治国、平天下,"内圣"是"外王"的前提,在家庭教育中又何尝不是如此? 正如雅斯贝尔斯在《什么是教育》中所写道的那样:"教育的本质意味着一棵树摇动另一棵树,一朵云推动另一朵云,一个灵魂唤醒另一个灵魂。"身为父母,只有先将自己修行好,才能更好地教育孩子。所以,在正式学习之前,我们先来学习一下"积极父母的五项修炼"。

积极父母的第一项修炼——相信

相信指父母要相信孩子。

首先,父母要相信孩子的上进心。

如果一个孩子在某方面表现得很糟糕，你觉得这样的孩子的内心是破罐子破摔，还是想变得越来越好？我个人认为没有人不想变好，但是孩子从好变得更好比较容易，从不好或糟糕的状态变为好的或理想状态的难度则很大。举个例子，一门学科的满分是一百分，从七八十分考到九十分比较容易，但从二十分考到及格甚至八九十分就特别难。有些父母看到孩子糟糕的行为，总觉得孩子无可救药了，便很容易去指责孩子是一个不思进取的人，殊不知当孩子的某种行为比较糟糕的时候，想要靠自己的力量去改变真的很难。我在高中是一个问题少年，沉迷网络游戏，经常去网吧玩。一开始，我只是觉得网络游戏很好玩，没想过这会影响我的学习，也从来没想过玩游戏会使我高考失利。突然有一天，我发现许多课程已经完全听不懂了，成绩节节退步，想弥补却学不进去，才意识到情况变得如此糟糕。以我个人的经历来看，我从在应届高三时想好好学习到付出一定的努力，再到放弃，最后到复读班坚持一年又失败，这个过程非常艰难。

2020年国庆节开设《少年志》课程期间，有一个女孩的主动性非常强，一有时间她就来找我聊天、询问问题，我感觉她是一个非常愿意学习的孩子，肯定也是一个好学生。在第三天上午，她找到我说："曹老师，学习成绩差怎么办？我已经好几个月没有去学校了。"听完之后，我很惊讶，我问："你想去上学吗？"女孩表示很想去学校，同时也担心因为自己长时间没去学校而学不会各科知识。我回答："没关系，我们可以定一个目标，先进入学校，然后一点一点去进步。"女孩说："我的学习落下太多了，我跟不上学习进度怎么办？"生活中有许多类似的情况。在《动能营》课程上，有一个来自保定的女孩说："曹老师，我知道我很糟糕，我也控制不住自己，但我真的想好好学习，我想离开那些辍学的朋友，但令我最难受的是，在父母心中，我还是一个问题孩子，父母不信任我、不支持我，并且会采取各种方式约束我。"另一个女孩也分享了自己的经历："我之前也跟着一群不上学的孩子玩，把他们当作好朋友，现在想起来觉得自己非常幼稚。"

列举以上案例只想说明一个问题：孩子最初可能并没有想到自己以后的状态会变得糟糕，他们并不想变成一个坏孩子，只是没有预料到自己会失控，当孩子意识到问题的严重性的时候，他们真的想改变，也愿意付出努力去改变。这时候，如果父母批评、指责、不信任孩子，就会使孩子的改变更为艰难，因为孩子可能会面临周围人对他们"贴标签"的情况。我坚信每个孩子都想变好，只是有时候会被父母急功近利的心态所破坏。父母明明知道孩子已经处于糟糕的状态，却要求自己的孩子跟其他孩子一样努力学习并取得好成绩，这将导致孩子更难发生改变。我做过很多让孩子从辍学到重新进入学校的案例，其实这些孩子内心无一例外地想进入学校，但为什么迟迟进不了学校呢？用孩子的话来讲，孩子有四方面的担心：第一，担心学校老师和同学对自己的评价；第二，担心自己无法适应学校的教学，担心自己无法跟上学习进度；第三，担心自己坚持的时间不够久；第四，担心如果自己表现得不好，将会面临他人的批判。孩子从"想改变"到"能改变"的跨度是非常大的，在这个过程中父母作为孩子的"重要他人"，一定不能站在孩子的对立面，去批评和指责孩子；父母要相信孩子有上进心，还要思考如何帮助孩子克服困难，由衷地给予孩子心理上的支持，让孩子拥有面对问题、改变现状的力量。

其次，父母要相信孩子的免疫力。

免疫力包括身体免疫力和心理免疫力。例如，普通感冒的周期一般是七天，七天后感冒就自愈了，这是身体免疫力。假如你今天很愤怒或很伤心，那么这种情绪状态会持续多久呢？可能一两天后你的心情就会平复，这是心理免疫力。当初你认为很重要、很难过或很愤怒的事情，经过一段时间的心理调适后，好像也变得无所谓了。当孩子开始认识到自己当下的一些问题和情况后，孩子会做出一些改变，我们要选择相信他在用自己的方法尝试调整自己。例如，一个孩子在家里休息几天后便想去上学，上学后觉得无法适应，可能又想回到家里进行短暂的逃避，几天后又会回到学校，这个过程就是心理免疫系统工作的过程，孩子在慢慢说服自己去改变、去适应。

要想让孩子的心理免疫力发挥效果，父母一定要先去呵护孩子的心理免疫力。十八岁之前，孩子的心理免疫力一定来自外部环境（家庭）的滋养，如果父母比较关注孩子的内心成长、呵护孩子的心理健康状况，跟孩子交流时表现出关爱而不是批评、拒绝、否认和指责，那么孩子的心理免疫力就会越来越好。当孩子遇到困难的时候，父母可以提出一些建议而不是教条，给孩子一定的时间和空间，让孩子的心理免疫力发挥作用。

总之，我们要做到以下两方面：第一，不要用错误的教育方式过多攻击孩子的心理免疫系统，如严厉、否定和指责等。第二，给孩子一定的时间和空间，让孩子进行自我发挥、自我调节。疫情期间，许多家长询问孩子上网课时出现问题该怎么办，如注意力不集中、沉迷玩手机等。我的回答是不用管，家长只需要保证复课时孩子能去学校学习。开学之后，家长反馈说孩子去学校后能很快进入学习状态，模拟考试成绩也没有自己想象的那么糟糕，甚至比预期的还要好，这就是孩子的心理免疫力在发挥作用。孩子也是第一次听网课，面对这种不熟悉的上课模式，孩子无法集中注意力和玩手机都是正常现象，家长着急是没有任何用的，只要孩子复课时能去学校，孩子的心理免疫系统就会发挥作用，所以家长一定要相信孩子的免疫力。

最后，父母要相信生命影响生命的力量。

在众多心理学研究中，无论遇到什么样的问题，很多心理学家都会提出"感染的力量"。也就是说，当你想做成一件事情时，如果你身边有榜样，你就容易被影响。对孩子而言，最好的榜样一定是父母。孩子是一面镜子，父母对孩子的不容忍、愤怒或过高的期待其实都是自身潜在的需要疗愈和成长的地方。

记得几年前在一次讲座中发生过一件事情，我至今印象深刻。当时的讲座主题是如何激发孩子的学习动力，讲座结束后，一位母亲上前问我："曹老师，孩子学习不用功，没有动力怎么办？"我如堕五里雾中，反问道："整场讲座讲的不正是如何提升孩子学习动力这一问题吗？请问您听了吗？"这位母亲立马表现得十分羞愧，我也感到无可奈何，讲座主题正是学习动力的问题，讲座一结束，这位母亲上前就问如何激发孩子的学习动力，可想而知，她坐在会堂的两小时是完全没有在听课的。紧接着，"曹老师，那么孩子从来不好好写作业、总是顶嘴、经常玩手机……该怎么办？"这位母亲一口气提出四五个问题。我说："这位妈妈，您说出这么多问题，您面对孩子时痛苦吗？"她点头说很痛苦，我继续说："那您先学习啊，通过学习慢慢来，一步步地去改变就好了。"她接下来的回应更是让我感到不可思议，她说："曹老师，您只让父母学习，父母学习了，孩子依旧不学习有什么用？"虽然有很多家长不懂得如何科学育儿，但是绝大多数家长都知道一句话——孩子的问题就是父母的问题。即便不知道这句话的道理何在或没有将这句话关联到自己的育儿行动中，它也被当作一种常识被家长们挂在嘴边。所以听到这位母亲说出这样的一句话后，我感受到自己因为这位母亲的观念产生了一些消极情绪，并十分想去说服她。当我尝试跟她沟通几分钟后，我觉察到自己的声音开始加大分贝，语调开始升高，也不再微笑着交谈，但依旧无法转变她的观念，而这位家长十分固执，还会转身向她身边的另一位家长寻求认同："你觉得我说得对不对，父母学习了，孩子不改变、不学习，是没用的啊。"我事后便决定今后绝不再做对牛弹琴的事情，正所谓："佛不度无缘之人，水不润无根之草"，只要有家长跟我聊天，三句话之内仍旧将焦点放在孩子问题上，而不考虑先通过学习改变自己的教育方式，进而影响孩子，我便不再多说。

每一位父母都要明白，孩子是在你的教养模式下、情绪状态下、育儿方式下以及你为他提供的环境下一步步成长的，孩子最先模仿的人一定是父母，对事物的认识一定最先源自父母，所以父母的学习、成长和改变一定会影响到孩子,即生命影响生命。

积极父母的第二项修炼——自省

自省的第一个关键词是觉察。

当我们以愤怒、指责、批评、拒绝、否定等方式跟孩子说话时,所表达出来的情绪一定是消极的。我们能否觉察自己的情绪? 例如,今天跟孩子聊天时,我觉察到自己的内心其实很焦虑或我正在发泄自己的愤怒情绪;当我做错一件事情后能觉察或意识到自己的错误。我们可以通过学习不断提升自己的觉察能力,比如以前我们发完脾气后一两个小时才能觉察到自己刚刚的行为很大程度上受到负面情绪的影响,后来在发脾气过程中就可以觉察到负面情绪,现在在发脾气前就可以觉察到自己的情绪变化,以便及时制止自己接下来的不恰当行为和言语。当一个人负面情绪过多时,他是解决不了任何事情的,也不可能让任何事情向好的方向发展。孩子越长大越知道自己做什么样的事情会让家长不开心,但家长不能把自己的气愤或失望等负面情绪发泄到孩子身上,所以家长一定要学会觉察。

自省的第二个关键词是暂停。

暂停错误的教养方式是改变的开端。当我们觉察到自己以很糟糕的情绪或心情跟孩子聊天时,我们需要按下一个暂停键。具体怎么做呢? 我们可以给自己设置一个标志动作,比如拍一下自己或摸摸下巴等,给自己一个"暂停"的提示,帮助自己从当下的情绪或情形中抽离出来，结束跟孩子的聊天或暂时不开启聊天。

自省的第三个关键词是等待。

等待主要指等待时机，等自己或等孩子情绪较为平稳时再尝试沟通。九月份刚开学时，一位学员的母亲给我留言，她说孩子从学校回来后情绪非常差，一回家就把自己关在房间里，也不理会家长。在这位母亲给我留言的前几天，她刚刚跟我反馈过孩子在暑假学习《少年志》课程后状态特别好，开学后能积极完成作业。为什么仅仅过了几天，孩子会发生如此大的变化？我给这位母亲回复说这些表现说明孩子正处在一个糟糕的情绪中，孩子可能在当天发生了一些自己不知如何处理也不想告诉家长的事情。当孩子情绪不好时，急于跟孩子聊天没有任何意义，孩子只想自己静一静。这时候，我们可以跟孩子说："孩子，妈妈看到你今天心情不太好，妈妈比较担心你，妈妈希望你能说一说，如果你不想说，妈妈就不打扰你了，妈妈希望你早点休息，明早见。"第二天中午，这位母亲给我发信息，她说非常感谢我的建议，她在第二天跟孩子聊天时，孩子说出了自己心情糟糕的原因。这个案例充分说明了等待的作用。

综上所述，我们不仅要觉察自己的情绪，也要觉察孩子的情绪，当我们和孩子任意一方情绪糟糕时，一定要按下暂停键，然后等待一个合适的时机，等待我们或孩子的心情变得平静时再去沟通和交流。

积极父母的第三项修炼——欣赏

父母要学会发现孩子的优势，表达对孩子的欣赏，并善于运用欣赏。

我们站在一个成年人的角度试想一下，自己是喜欢接受一个总爱见缝插针地挑刺、对我们不友好的人的建议，还是喜欢接受一个总是表达对我们的欣赏的人的建议呢？无疑都是后者。同样，站在孩子的立场去体会也是如此。孩子更喜爱能欣赏、表扬和鼓励自己的父母，而不是挑剔又苛刻的父母。这就要求我们先看到孩子的努力、优点和能力，然后再看到努力的结果。当孩子开始尝试性地做出一些改变的时候，说明孩子想变得越来越好，父母能不能看到这些改变很重要。如果父母看不到孩子的付出，孩子就会容易放弃。很多孩子会说："我学习的时候，父母看不到，我玩耍的时候，父母都看到了，所以父母总说我只玩不学。"这是因为父母没有发现孩子的优势，或是看到了孩子的优势却不去表达。当父母学会表达对孩子的欣赏的时候，才能帮助孩子在各个方面更好地运用优势。

积极父母的第四项修炼——学习

学习的第一个关键词是持续。

学习是一件持续的事情。持续学习说明：第一，我们在学习任何东西时不可能学习一次便都能明白，我们需要不断消化和巩固所学知识,同时,持续学习也是一个给自己补充能量的过程,我们相信通过学习和坚持可以让自己变得更好;第二,持续学习代表学习知识要系统化。面对孩子辍学、沉迷手机、学习成绩差等问题,有没有可能只听家庭教育方面的老师讲解一两个小时便都能解决?老师讲解方法时很轻松,但家长往往听得一头雾水,实施起来比较困难,为什么?老师讲课建立在大量知识的基础上,老师会从系统的知识中提取出一些有效的方法供大家使用。例如,我在讲《积极家庭》课程时,并没有针对孩子的某一问题去进行具体讲解,而是系统介绍了积极情绪、积极投入、积极发展等知识,因为这些知识都跟孩子的成长发展息息相关,系统化的知识才能支持家长融会贯通的落地和运用。教育孩子不是一蹴而就的事情,孩子在每一年龄段的生理、心理和认知发展都有所不同,所以持续学习很重要。

学习的第二个关键词是练习。

曾经有父母反映自己在听家庭教育方面的课时很享受,知识也都听懂了,但课程结束后好像自己并没有什么改变,也没有运用到所学知识,这就涉及了一个问题——我们有没有去练习。练习有两个维度:第一,刻意练习,我们要刻意运用所学知识;第二,听懂一点练习一点。我们不要一味纠结于听不懂的内容,而要先把听懂的知识运用起来,给予自己试错的机会,在落地过程中不断调整,找到最适合自己与孩子的教育方法。

学习的第三个关键词是分享。

教育学中有一句话:最好的学就是教。我们在教育孩子时经常说:"当其他同学遇到不会的问题时,如果你懂,你要多去分享。"给其他同学讲题的过程也是巩固自己所学知识的过程,而且在讲解过程中,我们也会举一反三,迸发出学习的新思路。我给大家的建议是,我们可以学习一点分享一点。分享的过程也是跟他人交流、与公众承诺的过程。当我们常常跟他人分享教育孩子的有效方法时,不仅他人会认为我们是一位优秀的家庭教育分享者,我们自己也会逐渐这样认为,这更能加强我们去运用知识的动力,促进我们的练习。我非常感谢自己从事教师这一职业,因为我需要常常给他人分享,所以我告诉自己一定要做得更好。我们越去跟别人分享,我们成长得就会越快。

积极父母的第五项修炼——无为

首先,无不合理期待。

父母最难改变的地方就是对孩子的期待,父母常常有一种望子成龙、望女成凤的心态。不管孩子目前的状态如何,父母都希望自己的孩子非常优秀。孩子应该满足父母什么样的期待?父母的期待到底与自己有关还是与孩子有关?有些父母对自己不满意,所以对孩子抱有更高的期待。有些父母认为自己很优秀,所以要求孩子跟自己一样优秀。我们可以想一想,孩子到底成为什么样子,我们才会给予孩子一些夸奖和鼓励?很多父母对孩子的不合理期待其实都源于自己在原生家庭中的经历,父母将自己的希望寄托在孩子身上,希望孩子能做到自己未曾做到的事情,或者希望孩子成为自己曾经想成为的样子。父母应该先觉察一下自己对孩子有无不合理的期待。

其次,无拔苗助长行为。

以前有一句话很流行:不要让孩子输在起跑线上。这句话是不合理的,赢在起跑线的前提是我们参加的是短跑,但人的一生是一场长跑,长跑意味着起跑并不重要。在《积极家庭》课程上,有家长询问奥数班是否为拔苗助长,对于这个问题,我想说奥数班对于不适合学奥数的孩子就等于拔苗助长,对于适合学奥数的孩子是一种培养和锻炼。

最后,顺其自然,静等花开。

我很欣赏曾国藩的一句话:"莫问收获,但问耕耘。"如果我们用心去耕耘,最后一定会有收获。但如果我们急于求成,希望立刻看到结果,那我们在耕耘的过程中自然而然就会心烦意乱、急功近利。我们要相信自己的不断学习和改变一定能影响孩子,让孩子更好地成长。

父母课堂

　　积极父母的五项修炼:①相信。②自省。③欣赏。④学习。⑤无为。

第1章
积极身心

> 积极身心强调要关注孩子的身心健康,并且学会通过运动、冥想的方式来获取积极身心。

做好任何事情的前提是有健康的身体和健康的心理。身心一体理论表明个体的身体和心理之间有着紧密的联动效应,身体和心理被视为不可分割的整体。如果一个人身体不舒服,势必会影响到他的心情或心理状态;反过来,如果一个人的心情不好,也会在他的身体上有所反应。中国有句古话:喜伤心,怒伤肝,思伤脾,忧伤肺,恐伤肾。这说明不同的情绪或心理状态会影响个体的身体健康。身体和心理相互影响,所以拥有积极的身心非常重要。保持积极身心的方法有很多,比如运动锻炼、规律作息、深度睡眠、正确的呼吸、放松身心、正念冥想、艺术鉴赏、养成良好的生活习惯等。本章将会给大家重点分享运动锻炼和正念冥想。

运动改造大脑

现代科学给人类社会带来了翻天覆地的变化,随着经济发展和社会进步,人们的生活、学习和娱乐活动逐渐转入室内。但是长时间待在室内不运动会导致身体机能不断下降,由此一种新型的疾病——"现代文明病"出现了,并且其发病率呈现逐年上升的趋势。"现代文明病"又称生活方式病、富贵病或慢性病等,这种病并非由细菌或病毒引起,而是一种由于生活上的压力与紧张,以及营养的失调,再加上缺乏运动,长期积累而成的一类疾病。试想身边的朋友患上心脑血管疾病、脂肪肝或糖尿病时,您会如何给他建议? 无非是调整作息、注意休息、保持运动等。我们都明白,运动对一名患者是有益的,对健康的人岂不更是锦上添花? 运动不仅对身体有益,还有着更为重要的作用。"四肢发达的人,头脑并不简单,因为锻炼身体的同时也在锻炼大脑,运动可以改造大脑。"哈佛大学医学院瑞迪教授在其专著《运动改造大脑》中如是说。强健肌肉和增强心肺功能只是运动最基本的作用,运动最关键的作用是强健和改造大脑。运动时身体会分泌多巴胺、内啡肽和血清素。多巴胺是一种能带来能量和动力的神经递质,多参与动机与奖赏的调控,同时还跟愉悦和满足感有关。为什么孩子爱玩游戏? 因为孩子在玩游戏时会分泌多巴胺,这让孩子感到很愉悦。多巴胺还与注意力相关,患有多动症的孩子的体内分泌的多巴胺较少,所以他们的注意力不容易集中。内啡肽具有放松神经、止痛等作用,可产生兴奋感、舒适感和欣快感。当我们进行一定的运动时,体内的内啡肽会持续分泌。血清素与情绪有关,可以有效地控制我们的恐惧、愤怒、伤心、抑郁等。运动还与去甲肾上腺素、脑源性神经营养因子(简称BDNF)、海马体体积、心率变异度有关。去甲肾上腺素能在学习与记忆工作中起到一定的作用。BDNF可以使我们的脑细胞更加活跃和健康。经常运动可以使海马体体积变大,从而增强记忆力。经常运动也会使心率变异度逐渐升高,从而提高自控力。

诸多研究证明了运动对大脑的改造作用。

2007年的一项对人类的研究中,德国研究人员发现,人们在运动后学习词汇的速度比运动前提高了20%。例如,有新学员来参加我们的课程后,我常常会问他们一个问题:孩子在学校学习一天回到家后,父母觉得他们应该先写作业,还是先运动一会儿呢?曾经有一位家长因为孩子放学后不立即回家写作业,反而选择先去球场上打篮球而找到我,想让我跟孩子聊聊天,让孩子改掉这个习惯。在正式与孩子约谈时我了解到,孩子打篮球的时间并不长,更何况学校门卫会在固定时间锁门,孩子也就能活动半小时左右。我给那位家长留言,我们要支持孩子对运动的热爱,这并非一件坏事,学习之前适量运动会使大脑得到放松,有助于学习。我还有一位学生在初中时没有很用功地学习,也没有打好基础,升入高中后想要奋起直追,但是又觉得每天学习特别累,常常心有余而力不足,我说不妨尝试一下每日通过运动调节自己,她也接受了我的建议,每天下晚自习后她都会绕着自己家附近的小河慢跑一会儿再回家学习。她调节好自己的身心状态，最终通过不断努力考入了理想学府。

在《运动改造大脑》中，作者举了一个例子，长跑1600米与服用极小剂量的百忧解（抗抑郁药）和极小剂量的利他林（治疗多动症药物）效果一样，这表明运动也像这类药物一样可以提高神经递质的水平。美国的一项研究证明，维持4个月、每周3次、每次40分钟的中强度跑步对抑郁症的治疗效果与抗抑郁药的效果相当。

积极教育在学校的科学实证研究发现，重视运动锻炼可以使个体拥有更好的学习成绩、更健康的身体、更好的自控专注力、更少的违纪和暴力、更少的抑郁，以及更多的积极情绪。那么，我们该如何让孩子多去运动呢？首先，迈出第一步，让自己动起来。很多人只知道运动有助于身体健康，但不知道运动到底有多么重要，这样便很难知行合一，所以我们要先让孩子知道运动的重要性。然后，我们要培养孩子对运动的兴趣，找到孩子喜欢的运动项目。我建议的运动方式包括跑步、网球、羽毛球、游泳、跳绳、瑜伽、太极拳等，以有氧运动为主，重量训练为辅。如果从未运动过，最好从行走开始，比如用走楼梯代替乘电梯，每天晚上绕着小区走几圈。行走一段时间后，我们可以开启中等强度的慢跑，即使心率保持在最大心率的65%~75%（最大心率=220-年龄）。如果还想要提升自己，可以进行一些高强度的快跑运动，即保持最大心率的75%~90%，高强度的运动会让我们的身体和心理都变得强壮。我们可以以身作则，自己先行动起来，再带动孩子一起运动。其次，让孩子加入运动小组，发挥同伴影响的作用。最后，进行及时的积极反馈。在运动过程中,我们可以与孩子保持一个良好的沟通和交流,及时给予孩子积极的反馈。

正念冥想提升幸福感

正念冥想是一种自我调节的方法,可以增强人的专注力,让人更乐观,减少焦虑和抑郁,提升幸福感,有助于休息放松和增强觉察等。

美国马萨诸塞州综合医院的一项研究表明:进行八周的正念冥想后,参加者海马体中的脑灰质密度有所增加(海马体被视为大脑中学习和记忆的中心部分),与自我意识、同情和自省等相关的脑区域的脑灰质密度也有所增加,而负责焦虑和压力的杏仁核则会缩小。

威斯康星麦迪逊大学心理健康中心的创始人理查德·戴维森进行了一项研究,他把参与者分为两组,一组进行持续八个星期的冥想练习,另一组不进行任何冥想练习,八个星期后给两组参与者都接种了流感疫苗。结果显示,冥想组参与者产生的抗体要多于非冥想组。这说明冥想可以提高身体的免疫力。

冥想的最佳频率为每天五分钟。你可以在你认为合适的时间里进行冥想练习,比如早上醒来洗漱完、睡觉前、孩子放学回家前。你要尽自己所能,找一个安静且不会被打扰的地方进行冥想练习。你可以跟着一段有指导性的录音开始冥想,这会对你有帮助,但并不是必需的,就跟学习其他任何新的技能一样,当你经常去练习,自然会变得越来越熟悉和舒适。一段时间后,你可能会意识到你是用你自己觉得最舒适的状态在练习。

冥想练习的具体步骤是什么呢？第一步，找一把让你的脚可以舒服触地的椅子，坐在上面，或者地板上放个垫子，坐在垫子上，这样你的臀部离地板就有一定的高度了。坐正，挺直脊柱，放松肩膀，让眼睛保持闭着的状态。第二步，对自己全身心地接纳，让你的感觉像扫描仪一样，从脚开始逐步地向上移动，去感受你的身体。注意到哪里有紧绷的感觉吗？你的双肩是否在沿着双耳的方向向上延伸？你的眉头有没有紧皱？你能让这些部位慢慢放松下来吗？第三步，现在放松你的腹部，注意让它随着你的呼吸自然地起伏。当你发现思维走神的时候（这会发生在每个人身上），注意一下你的思维此刻停在哪里？是在做计划、回忆还是评判？然后停下这些想法，简单地把你的注意力拉回到自己身上。在一呼一吸的时候，默默地对腹部的起伏计数，这会对你有帮助。看看你是否能注意到每一次吸气与呼气的开始和结束，以及它们中间的某一个停顿。每当你走神的时候，试着轻轻地把自己带回用腹部呼吸的感觉上。即使你在5分钟内需要把注意力拉回50次，那也完全没有问题。第四步，感谢自己可以腾出时间，就这样静静坐着，待在这里，和自己待在一起。最后，继续你的一天，相信从此刻开始会越来越好。

在进行冥想练习的过程中，我们会遇到一个问题——思绪乱飞（俗称走神）。很多人在练习冥想一两年后还会有这样的情况，无须焦虑和担心，这是一个非常正常的现象，我们接纳就好。通过慢慢练习，我们的专注力和觉察力都会有所提高，身心也会越来越健康。比如当心情不好时,我们可以做一个冥想练习,心情就会慢慢平复下来。再比如,当孩子玩完手机和游戏后,让他立刻学习是一件比较难的事情,这时我们可以跟孩子一起做5分钟的冥想,之后孩子就会比较容易进入学习状态。我建议大家在日常生活中坚持做冥想练习。

父母课堂

促进孩子运动的方法:①告知孩子运动的重要性,培养孩子对运动的兴趣,找到孩子喜欢的运动项目。②让孩子加入运动小组,发挥同伴影响的作用。③进行及时的积极反馈。

积极优势

> 积极优势强调要发现孩子的优势品格和美德,践行优势教育。

很多家长看到孩子出现问题时会非常焦虑,他们不断关注和放大孩子的问题与缺点,可是越这样做,家长越焦虑,亲子关系也越来越糟糕。当家长紧紧抓住孩子的缺点时,孩子是很难做出改变的。此时家长可不可以从另一个角度助力孩子呢? 积极心理学强调要发现和关注个体的优势。因此,家长可以从孩子的品格优势着手,借助积极的资源增强孩子的自信心,助力孩子变得越来越好。

关注优点很重要

我们先来做几个小互动。

互动一:假设公司新入职三位员工 A、B、C,他们在其他方面都一样,员工 A 真诚却不负责任,员工 B 负责任却不真诚,员工 C 暂时没发现缺点。请问:你对谁的印象更好?

一般来说,大多数人对员工C的印象更好。因为我们在看到员工A和员工B的优点的同时也看到了缺点,对于员工C,虽然没有看到他的优点,但也没看到缺点。这说明坏印象比好印象更容易形成。

互动二:你出去玩耍,抽奖抽中了100元,但在回家的路上,又发现自己丢失了100元。请问:你现在的心情如何?

相对来说,大部分人的消极情绪比较多,和赢得100元的高兴心情相比,丢失100元的难过心情更重。这说明坏事比好事对人的影响更大,我们更容易被坏事影响。

互动三:假如你的孩子在这次考试中,语文考了98分,数学考了100分,英语考了80分。请问:当你看到孩子的英语成绩为80分的时候,你还会去表扬孩子吗? 你更关注语文和数学成绩,还是更关注英语成绩?

在生活中,很多父母更关注成绩为80分的英语学科。我曾经做过一个咨询,一个孩子的数学成绩不好,英语成绩比较好,在一次考试中,她的数学成绩进步特别大,她非常高兴。回到家后,妈妈却看到孩子的英语成绩退步了,便开始批评孩子。孩子跟我聊天时说自己付出了很多努力,数学成绩进步了很多,妈妈却一点也不关心,妈妈只会批评自己的英语成绩,孩子认为妈妈总是看不到自己的进步。这说明家长往往更关注孩子的短板,同时,坏言行比好言行更影响关系。

曾经有一位母亲说自己看不到孩子的优点。我问:"你真的看不到孩子的优点吗?"母亲说:"看不到。"我说:"那你能说说孩子的缺点吗?"母亲说:"那太多了,比如不学习、成绩不好、上课不认真听讲、没有朋友、在家里什么也不做……"我说:"听了这么久,我觉得并不是孩子很差劲,你不认可孩子的一个背后因素可能是你也不认可自己,你对孩子有太多的期待。"我说完之后,这位母亲停顿了几秒,然后哽咽道:"曹老师,你说的太对了。"她说自己从小被父母忽视,十几岁就辍学去别人家打工,感受到了寄人篱下的滋味。所以这位母亲极度的不认可自己,对孩子的期待既多又高。当我们对孩子有很多过高的期待时,如果孩子做得不好,我们很容易对孩子进行多方面的批评和指责。如果孩子长时间接受批评和指责。孩子会觉得自己什么事情都做不好,因为事实证明个人努力和结果之间没有关系,如果永远都做不好,那为什么还要努力呢? 在这个过程中,孩子就容易形成习得性无助。习得性无助由塞利格曼提出,是指通过学习形成的一种对现实的无望和无可奈何的行为、心理状态。塞利格曼做过一个实验:他将狗关在笼子里,只要蜂音器一响,就给狗施加难以忍受的电击。狗被关在笼子里无法逃避,于是便在笼子里狂奔、哀嚎。多次实验后,只要蜂音器一响,狗就趴在地上惊恐哀嚎。后来实验者在电击前把笼门打开,此时狗不但不逃,还在电击没有出现时就倒地呻吟和颤抖。它不再尝试跑出去,也不去看笼门有没有打开,它本来可以主动逃跑,却绝望地等待痛苦的降临,这就是习得性无助。外界长时间的负面评价和长时间的失败会让人形成一种想法:我的努力跟结果没有关系,外界的任何事情都不是我能掌控的,所以我就不去做了,从而陷入一种破罐子破摔的状态。

看到这里,大家觉得优点重要还是缺点重要? 关注优点恰当还是关注缺点恰当？只关注坏事往往带来不可逆的消极影响，因此我们必须要更关注好事。我们需要把更多的注意力和焦点放在孩子的优点上，然后借助优点去有意识地慢慢改正孩子的缺点。

发现品格优势和美德

积极心理学之父马丁·塞利格曼邀请密歇根大学心理系教授克里斯多弗·彼得森来到宾夕法尼亚大学，和他一起进行关于人类的美德和品格优势的分类研究。他们研究了丰富的世界文化体系，从古希腊的柏拉图、亚里士多德，到中国的老子、孔子，甚至参考近现代的《富兰克林传》，最后归纳出全人类都珍视的六大美德，以及构成这些美德的二十四项品格优势（如图2-1）。

图2-1 六大美德和二十四项品格优势

每个人身上都有这些美德和品格优势，只是人与人之间的优势水平有差异。有些人可能在某几项品格上表现得比较明显，优势水平高一些；有些人则在另外几项品格上优势水平高一些。接下来，我们来具体分析每一项美德和其对应的品格优势。

第一项美德——智慧。

智慧具有使获取和应用知识成为必要的品格优势。智慧美德包括五种品格优势，分别是思维力（判断力、批判性思考）、洞察力（智慧）、好学、创造力（独创性、原创力）和好奇心（兴趣、寻求新奇、对体验持开放态度）。

思维力：全方位考虑问题；不急于下定论；能够依照事实证据调整思路；公平衡量所有证据。思维力是当今社会乃至未来发展中越来越重要的一种品质和能力。

洞察力：能够给他人明智的忠告；能够以一个对自己和别人都比较客观的态度和方式来观察和诠释这个世界。

好学：自发地或者认真地学习新技能和知识；这点和好奇心有很强的联系，好学的重点在于能够系统地扩充自己的知识。

创造力：运用新奇和有效的方法来进行实践，包括但不仅限于艺术成就。

好奇心：对当前体验过程本身感兴趣；找到引人入胜的主题和论题；开拓与发现。

第二项美德——勇气。

勇气具有展现意志以完成目标和面对内、外部对抗的情感品格优势。勇气美德包括四种品格优势,分别是正直(真实、诚实)、坚韧(毅力、勤奋)、勇敢(英勇)和活力(热情、富有激情、充满活力、有能量)。

正直:坚持真理,诚恳真挚;不虚伪;对自己的情绪和行为负责。

坚韧:善始善终;即使存在障碍依然坚持不懈;执行力强;能够完成任务。

勇敢:不屈服于威胁、挑战、困难或者痛苦;在自己的观点只有少数人支持的时候也据理力争。

活力:积极地对待生活;不半途而废或者三心二意;以探险的心态面对生活。

第三项美德——人道。

人道具有对他人友善和帮助他人的人际品格优势。人道美德包括三种品格优势,分别是爱、善良(慷慨、培育、关照、同情、利他、友善)和人际智力(情商、社会智能)。

爱:珍惜和他人的亲密关系,特别是互相关爱分享;亲近他人。

善良:做善事;帮助他人;照顾他人。

人际智力:了解自己与他人的动机和情感;在不同的社交情景下举止得体;明白如何让他人认同。

第四项美德——正义。

正义具有作为健康的社会生活基石的公民品格优势。正义美德包括三种品格优势,分别是公民精神(社会责任、忠诚、团队合作)、领导力和公平。

公民精神:作为团队成员努力工作;对团队忠诚;按时完成自己的任务。

领导力:鼓励自己所在的团队完成任务并保持团队和谐;组织团队活动并了解情况。

公平:以公平和公正的态度对待所有人;不会让人感觉到对他人有偏见;给予每个人平等的机会。

第五项美德——节制。

节制具有使我们不过度的品格优势。节制美德包括四种品格优势,分别是宽恕、谦逊(谦卑)、审慎和自我规范(自我控制)。

宽恕:宽恕做错事的人;接纳他人的弱点;给他人第二次机会;不报复。

谦逊:不因自己的成就而骄傲;不炫耀;不认为自己比别人特殊。

审慎:对自己的选择谨慎;不过分冒险;不鲁莽行事。

自我规范:规范自己的情感和行为;自律;控制自己的饮食和情绪。

第六项美德——超越。

超越具有锻造我们同宇宙更广泛的联结和给生命带来意义的品格优势。超越美德包括五种品格优势,分别是希望(乐观、前瞻、未来取向)、欣赏(敬畏、惊喜、崇敬)、灵性、幽默(游戏感、玩心)和感恩。

希望:规划美好的未来并努力去创造;相信可以生活得更美好。

欣赏:欣赏生活中美丽的风景,并且培养生活多领域(自然、艺术、数学、科学和日常生活各个方面)的杰出技能。

灵性：对高级的目标和宇宙的意义有内在的信念；拥有对人生价值的信念并以此来规划自己的行为，感受生命意义的愉悦。

幽默：经常微笑和开玩笑；为别人带来欢笑；看到光明的一面。

感恩：感激美好事物的发生；花时间表达感激和感恩。

在测评出自己的优势得分后，我们要重点关注和发挥得分最高的前五项优势；排名六至十二的是潜力优势，我们可以在这些优势上付出努力、激发自己的潜能；排名十三至十八的是普通的优势，我们可以在这些优势上进行一定的发展；对于排在十八名之后的优势，我们很难快速在它们上面获得提升，我们可以选择忽视这些优势。在排名前五的最强品格优势中，还存在着标志性优势。标志性优势是指你不仅在这项优势上表现强大，而且你自己也真心喜欢、珍惜、认同这项优势。当你运用这些优势时：你会有兴奋、投入、富有激情的感觉；你会迅速成长；你会想方设法地找到运用这些优点的新途径、新项目；你会感到越来越兴致盎然，而不是越来越累。

有人会有疑问：难道测出来的最强优势中，还有我们不喜欢的吗？就我个人而言，我的排名靠前的优势有很多，包括洞察力、坚韧、领导力、善良、人际智力、思维力、希望、勇敢、幽默（这些优势的得分为 5 分），还包括公民精神、好学、活力、灵性、审慎（这些优势的得分为 4.67 分）。而我的标志性优势为希望、好学、活力、洞察力和幽默，这五项是我真心喜欢和认同的优势。例如，我的动力来自希望和未来，我常常想我未来要成为一个什么样的人、我的公司未来会成为什么样子，我现在做什么、怎么做以及做到什么程度才能让自己的希望实现。非标志性优势是指你很擅长这项优势，但你并不真心喜欢这项优势。我的非标志性优势是领导力和人际智力。例如，在大学作为学生干部的经历和现在创办的公司证明我在领导力上有优势，但我并不真心享受这项优势，与管理公司相比，我更喜欢跟大家分享与教育相关的知识。再比如，我在人际智力优势上得分高，我的人际交往能力很强，在任何场合都能较好地觉察到他人的情绪并给予相应的反馈，但实际上我更喜欢独处。总而言之，我们需要把更多的精力放在标志性优势上，将标志性优势运用到生活、学习和工作中。那么如何进行品格优势测试呢？我将测试品格优势的二维码，放在了本章末尾处，大家可以自行测试。

认识优势教育

什么是优势教育？

优势教育是对所有人都一视同仁，关注人们能做什么，而非不能做什么，优势教育也并非只关注正面信息；优势教育需要如实描述学习和进展，而不是逃避现实；优势教育在人们的最佳优势区和潜力优势区构建能力，而不是纵容坏行为；当人们遇到困难和挑战时，优势教育能理解人们寻求关注和支持的需求，而不是不管不问；在学习和发展顺利时，优势教育可以帮助人们找出关键因素，以此来复制、进一步发展和加强这一因素；同时优势教育并不是给人贴标签的工具。

优势教育是父母最具价值的投资。

在定位方面,当你了解自己的优势时,你就能更加敏锐地观察到他人的优势,而且,你的注意力也会更加投入到寻找孩子的优点而非吹毛求疵上。如果一位母亲特别不认可自己,觉得自己一无是处,她就容易觉得别人也一无是处。在管理方面,当你所具有的种种优势在得到发展之后,就能够成就最优秀的你和你身边的其他人。当你能看到自己的优势并且发挥自己的优势的时候,我相信你在学习、工作、生活等方面的投入和参与度会越来越高。在发展方面,要学会"发展"你的优势,这样做能够构建起你和其他人之间的桥梁;当你将自己的所学实践到一言一行之中时,你就可以同时高效发挥自己的优势和传达自己的需求了。在关联方面,要想建立良好的亲子关系、同伴关系、师生关系,需要运用自己的优势,去与其他人进行联系和互相吸引。我们需要把自己的优势关联到生活和学习中的方方面面。在教育方面,一旦掌握了优势教育的方法,你就可以运用它们去培养孩子的技能了。

那么,我们要把自己的优势主要运用到哪几个方面呢?

第一,可以将优势运用到与他人构建积极的人际关系中。在亲子关系、同伴关系和师生关系的构建中,我们一定要发挥自己的优势。

第二,在参与明确的活动时可以运用优势,比如在工作、学习和生活中发挥自己的优势。

第三,运用优势寻找到我们生活的真实意义。例如,我的优势是好学和分享,我喜欢教育,尤其喜欢家庭教育。当我了解到我的优势并将其发挥到事业上的时候，我就找了生活的真实意义。

运用优势教育时需要遵循五大原则。

第一个原则，测量原则。我们可以通过测评发现自己的品格优势。

第二个原则，因材施教原则。要认识到每个孩子都是独特的，对每个孩子都要按照其独特的优势来进行有效的教导。换句话说，教导孩子时需要因材施教。因材施教最早由孔子提出，这也是孔子在教育上的主张之一。例如，在面对同一件事情时，孔子教导坦率莽撞的子路要三思而后行，而教导谦虚谨慎的冉有要立刻实行，这就是因材施教。如今的教育很难完全做到因材施教。人与人之间有个体差异，每个人的优势都是不同的，我们必须根据每个人的情况有的放矢地进行教育。比如在帮孩子制定目标时，首先要能结合孩子的优势，再联系当前的处境。如果你发现孩子在某一科目上能发挥优势，那么可以将目标定得高一点；如果孩子在某一科目上的优势不明显，那么可以把目标定得低一点。

第三个原则，为孩子提供支持网络，支持他们发展自己的优势，在他们因发挥优势而取得好成绩时及时予以表扬。孩子需要根据别人的反馈确认目前的状况，因此积极教育者应关注孩子的动态，在发现他们发挥优势或发展出更强的优势时给予积极的反馈，并且要提示和动员其他人也一起提供言语的支持。

我给大家分享一个七年前的案例，有一个孩子的性格比较内向，他在五一假期时来参加了我的课程——《少年志》，孩子的母亲反馈孩子上完课程之后信心增强了,孩子现在会主动跟其他人打招呼,上课时也会主动举手回答问题,甚至敢于上台发言。孩子变得更自信、更阳光了,孩子还跟母亲说自己未来想当歌星。国庆假期期间,孩子的母亲跟我聊天,说孩子的表现有点下滑,好像又回到了之前的状态。我问她有没有继续对孩子进行一些确认和鼓励。她说有。我又问孩子的父亲有没有鼓励孩子。她说父亲很少鼓励孩子。我问她有没有发动身边的人对孩子表现好的方面进行鼓励和确认。她说没有。我给这位母亲出了一个主意,让她邀请朋友吃饭,并请朋友在吃饭时鼓励孩子、夸奖孩子。一个月之后,这位母亲给我发了几个聚餐过程中孩子唱歌的小视频。什么样的契机让孩子敢于当众唱歌呢?这位母亲按照我的方法和朋友一起组织聚餐,朋友在餐桌上夸奖了孩子,知道孩子的兴趣爱好是唱歌,便请孩子为自己唱首歌,孩子自然非常高兴。这说明我们不仅要看到孩子的优点,还要提供一个支持网络,让孩子更加有自信,从而能发挥自己的优势。一个人的自信是可以迁移的,如果一个人能在某几件事情上建立自信,他也会有信心做好其他事情,愿意去尝试生活中的各种挑战。

第四个原则,引导并鼓励孩子在家里或者课堂上有意识地使用自己的优势。例如,与孩子一起讨论他们的优势,一起制定优势使用计划,为他们列举出使用优势的榜样,或者使用自己的亲身经历来讲述优势发展过程,传授提升优势的经验。

第五个原则,利用一切资源,为孩子在不同场景下尝试使用优势的新方法提供条件。例如,指导学生选那些可以帮助他们发展、发挥优势的课程或者培训机构,参加相关活动,见识相关榜样等。

践行优势教育

践行优势教育主要有五种方法。

第一种方法,帮助孩子发现自己的优势。

我们可以通过测评、自评、家庭时间(如讲一个"最佳的我"的故事)等来帮助孩子发现自己的优势。需要注意的是,"最佳的我"的故事是指自己在某个时间段所做的让自己有成就感的事情,我们需要介绍自己是如何做成这件事情的。一般来说,有成就感的事情指我们认为自己在这件事情上比别人做得好,或者这件事情有难度,在完成过程中,我们克服了一些困难或发挥了一些能力。在听孩子讲"最佳的我"的故事过程中,我们能发现孩子的优势。

第二种方法,换个场景使用优势——"加强优势"。

当你了解自己或孩子的优势的时候,可以换个场景使用优势,即将优势运用到不同人群、不同事件、不同环境和不同内容上。例如,我平时会将希望优势用于个人发展和公司发展上,我常常思考自己未来会成为一个什么样的人,会有什么样的成就,能做出多大的贡献,公司什么时间可以上市,上市之后会是什么样的场景。换个场景使用优势指我不仅将希望优势用于个人发展和公司发展上,还可以将它运用到问题解决上。当我遇到难以解决的问题时,我会思考如果能解决这个问题,我将获得哪些益处及对未来有什么样的帮助。我也可以将希望优势运用到想培养的兴趣习惯上,我会思考如果我能培养出这个兴趣习惯,我会在哪些方面比现在做得更好一些。对于好学优势,我多将它用于教育和心理学的学习上,但我也可以将它用于经管和哲学的学习场景上。我常常在演讲中使用活力优势,让演讲内容更丰富和更有吸引力;我也可以在球类运动中使用活力优势,强健自己的身体;我同样可以在与好朋友相处时使用活力优势,增进人际关系。在咨询工作中,我会使用洞察力优势,这能帮助我发现事情背后的原因和规律,给别人一些合理的建议;在备课中使用洞察力优势可以使课程变得更具有实践性;在解决问题时使用洞察力优势可以提供更有效的解决方法。我在演讲中发挥幽默优势可以使演讲更加生动、有趣;我可以在晚会上发挥幽默优势,如表演一个好玩儿的节目;也可以在好友相聚时发挥幽默优势,使气氛更活跃。总之,当你发现和确认自己有一些优势的时候,你可以想一想自己能在哪些场景中发挥这些优势,然后时常将优势运用到这些场景中,一段时候后,你会发现你的技能和能力可以得到相应的提升(表2-1)。

表2-1 优势及使用场景

优势	场景1	场景2	场景3
希望	个人发展和公司发展	问题解决	想培养的兴趣习惯
好学	教育/心理学类	经管类	历史/哲学类
活力	演讲	球类运动	与好朋友在一起
洞察力	咨询	备课/分享	解决问题
幽默	演讲	晚会	好友相聚

经常使用优势还可以使我们找到自信与希望之源。具体怎么执行呢？我们可以先列出自己的优势,然后确定目标,最后想一想如何利用优势。我的具体做法如表2-2所示。

表2-2 优势、目标和如何利用

优势	目标	如何利用
希望	公司发展上市	描绘出公司五年/十年的目标愿景
好学	成为家庭教育方面的教育家	参加课程学习/读书
活力	运动	每周三次跑步/球类运动
洞察力	研发/升级课程	朋友圈分享/讲课
幽默	表演节目	公司年会表演相声

举个例子,如何运用洞察力优势帮助我实现研发和升级课程的目标?我会定期把自己的感悟与思考分享到朋友圈,也会把讲课过程中迸发的灵感记录下来,这些日常中的点滴积累都可以用于研发和升级课程。需要注意的是,我们在帮孩子发挥优势时,制定的目标一定要合理,不要一味地将目标与学习关联起来,一定要把孩子感兴趣的和容易培养的地方作为突破口,先让孩子热爱他要做的事情,再让孩子去行动。在这个过程中,意志力、坚持、自信等品质也可以得到培养,这些品质会慢慢迁移到学习或其他方面上。

第三种方法,用优势把不喜欢的事变成喜欢的事。

在这里,先跟大家分享一个小故事。你见过喜欢洗碗的孩子吗?塞利格曼家竟然有三个!他是怎样把天生讨厌做家务的孩子变成喜欢洗碗的孩子呢?答案很简单:发挥他们的优势。塞利格曼测评了他的三个孩子的优势,发现最小的孩子虽然年龄小,但是标志性优势中却有领导力这一项,于是他把这三个孩子组成了"洗碗小组",任命最小的孩子为小组长。其他的两个孩子也类似,塞利格曼将他们的仁爱、团队精神等优势与洗碗任务联系起来。这下子他们的干劲就完全上来了,每天都恨不得饭还没吃完就开始洗碗。

根据这个故事,我们可以想一想怎样让孩子把优势发挥到他不喜欢的事情上。把优势关联到不喜欢的事情上有两个原则:第一,不喜欢的事情是有意义和有价值的;第二,孩子不是特别讨厌这件事。如果一个孩子特别讨厌学习,这时家长急于给孩子制定提高学习成绩的目标将会起到相反的作用。

在将优势进行创造性的关联时,我们可以先进行发散性思考,想一想这项孩子不喜欢的事情有哪些属性。比如孩子不喜欢学习,我们可以帮助孩子分析不喜欢学习的哪一点,是因为学习无聊、枯燥?还是因为学习太难?或是因为学习环境不好?然后,进行联想性思考,把这些属性与自己的标志性优势联系起来。我们可以在笔记本的左侧列出不喜欢的事情的属性,在右侧列出自己的标志性优势,然后将左右两侧进行关联与比较,看看哪项属性与哪项优势可以联系起来。

例如,我之前并不喜欢跑步这项运动,因为我觉得跑步无趣味、无意义。之后,我审视了自己的标志性优势,我发现"活力和希望"这两项优势可以和"无趣味"这一属性关联起来,我觉得穿运动装可以让自己更有活力,当我购买了运动装备后,我发现自己开始期待跑步了。除此之外,我还给自己定了一个奖励,如果我能坚持跑三个星期,我就奖励自己一块专业的运动手表。另外，我还加入了社交跑，每天在群里发送运动记录，大家在群里进行了很多互动和分享，关系也越来越融洽，这就是一件很有趣的事情。我还将"好学"这项优势与"无意义"这一属性关联起来，我购买了三本与跑步有关的图书，在学习的过程中，我了解到跑步可以影响自己的身体、情绪、大脑、学习力和自控力，这是非常有意义的。我还可以运用洞察力优势让跑步变得有意义：比如在坚持跑步的过程中，总结出养成一个自己不喜欢且有意义的习惯需要经历什么样的心理变化；比如当跑步中出现负面情绪时应该尝试什么方法让自己坚持下去。我把一件不喜欢的事情与自己的优势结合起来，然后坚持下来，并逐渐对它产生了兴趣，最后制定了明年要参加马拉松或戈壁跑步的目标。在这个过程中，我切实感受到，做一件事情越是可以发挥自己的优势，坚持得就会越好。

第四种方法，培养发展性思维。

心理学家卡罗尔·德韦克将认为"优势可以通过练习不断加强"的思维方式称为"发展性思维"，将认为"优势没法改变"的想法称为"固定性思维"。具有发展性思维的人认为人的能力是可以努力培养的，具有固定性思维的人认为人的才能是一成不变的。

德韦克等23位心理学家曾用实验证明了发展性思维的重要性。研究者从美国的65所中学里选了12000多名九年级的学生，将他们随机分成两组，第一组学生观看关于"发展性思维"的视频，视频展示了人的智能不是固定的，只要你愿意学习就可以变得更聪明，只要你努力，任何事情都可以做好；第二组学生也观看了视频，但他们看的是介绍大脑构成的普通视频,并没有涉及发展性思维。结果发现,学期结束的时候,第一组学生的平均成绩比第二组学生的平均成绩提高了1%,学习较差的学生的进步更为明显。这个实验很神奇,仅仅观看几分钟的视频就可以提高学生的成绩,这说明发展性思维很重要。

德韦克的另一项在小学生中进行的研究也证明了发展性思维的重要性,研究包括四轮实验。德韦克先将学生分为 A、B 两组,在第一轮实验中,他们需要完成非常简单的智力拼图游戏。完成测试后,A组学生得到的评价是:"你们完成得很好,说明你们非常聪明。"B组学生得到的评价是:"你们完成得很好,通过观察发现你们是一群很努力的孩子,因为付出了努力,所以你们表现得非常出色。"在第二轮实验中,德韦克准备了简单的智力拼图游戏和复杂的智力拼图游戏,让孩子自主选择拼图难度。结果发现,A组中大部分学生选择了简单的智力拼图游戏,B组中大部分学生选择了复杂的智力拼图游戏。在第三轮实验中,德韦克提高了拼图游戏的难度,结果两组学生都失败了。但是A组学生在实验过程中表现得很紧张、很沮丧,B组学生在实验过程中非常投入。在第四轮实验中,德韦克准备了最开始的简单的智力拼图游戏,结果发现,A组学生的分数与第一次相比退步了20%左右,B组学生的分数与第一次相比进步了30%左右。由此可见,具有固定性思维的人会避免挑战,遇到困难时更容易放弃;具有发展性思维的人更愿意接受新的挑战,他们相信通过努力就可以获得成功。

发展性思维和固定性思维到底有什么不同?我们可以看一看两种思维在不同情景下的反应(表2-3)。

表2-3　两种思维在不同情景下的反应

情景	固定性思维	发展性思维
挑战	避免挑战	拥抱挑战
看到别人成功	感到威胁	感到鼓舞
遇到困难	容易放弃	坚持
面对批评	忽略有用的负面评价、感到受伤和被否定	学习的机会
面对考试成绩	自尊的评价标准	有效的反馈
把努力当作	不得不做	学习的必经之路
潜力	不能成为最佳的自己	不断挑战极限、创造不可能

发展性思维传递了成长性的信息,这可以让孩子明白:努力、勤奋是有价值的,这些甚至比天赋更重要;品格优势以及能力都是可以通过不断练习来提升的;遇到困难并不意味着灾难降临,可以想办法克服困难,并且从中积累经验和教训。

那么如何培养孩子的发展性思维呢？培养孩子发展性思维的一个前提的是父母要用积极的语言(发展性思维的语言)跟孩子交流。之前有父母给我留言,说自己孩子的思维好像是固定性思维。如果一个孩子具有固定性思维/悲观性思维,原因主要有以下几方面:第一,父母基因里有悲观性思维;第二,父母是具有固定性思维的人;第三,孩子在生活中面临了很多来自父母、老师和同伴的批评和指责,孩子的挫败感强;第四,孩子生命中发生了一些重大的、不可控的事件,孩子感受到无助。

父母可以回想一下自己在生活中是不是经常说固定性思维的语言。例如，"你得了100分！真棒！我为你骄傲！""你现在考出好成绩，将来才能找到好工作！""你怎么总是不知道努力学习呢？写作业总磨蹭！""我看你是离开手机不能活了？一天天堕落！"现在的父母都知道要鼓励式教育，就经常把这样的话挂在嘴边——"哇，你做得真好，你真聪明！"如果我们常常夸孩子聪明，那么孩子在以后会倾向于选择低难度的任务，因为低难度的任务更能显示自己的聪明；如果任务难度高，孩子不能很好地完成任务，孩子就会认为自己不聪明了。怎么把这句夸奖转变成发展性思维的语言呢？我们可以说："孩子，你今天做得真好，说明你一定付出了很多努力。"我们需要表扬和赞扬孩子付出的努力以及努力的过程，而不是一味地夸奖孩子的智商高。在生活中，我们要多使用发展性思维的语言跟孩子交流，尽量避免使用固定性思维的语言。

第五种方法，让孩子见识具有相关优势的榜样。

首先，我们可以让孩子见识和孩子本身优势相同的榜样。当孩子见到此类榜样的时候，他就明白应该树立什么目标、参加什么活动、培养什么能力，以及怎样发挥优势。其次，我们想培养孩子哪方面的优势，就带孩子去见识有此类优势的榜样。见识榜样的方式包括书本见识、视频见识、游学见识等。就我个人的经历而言，在28岁之前，我觉得学历和名校不重要，我认为自己很有能力，28岁时，我真正开始在名校里听教授讲课，跟名校里的学生交流，这时我才意识到了学历和名校的重要性。所以，没有见识可能就会缺少动力，没有动力也就不会去努力。如果孩子能跟一个优秀的榜样持续地学习和交流,那么孩子的优势培育就会取得更好的效果。

　　践行优势教育的方法:①帮助孩子发现自己的优势。②换个场景使用优势——"加强优势"。③用优势把不喜欢的事变成喜欢的事。④培养发展性思维。⑤让孩子见识具有相关优势的榜样。

品格优势科学测评量表

如想测定品格优势,请扫描下方二维码。

积极情绪

积极情绪强调如何培养孩子认识与管理情绪的能力,如何引发和提升积极情绪,以及如何调节消极情绪。

生而为人,就会拥有情绪。它如影随形,时而是"天使",给我们带来快乐;时而是"魔鬼",让我们感受痛苦。当我们感到快乐的时候,会希望能够保持住这份快乐;当我们感到痛苦的时候,就想"驱赶"或"消灭"这份情绪。在此过程中,我们会发现,当我们想"控制"情绪时,越努力,却越"挫败",最后反而被情绪控制住。我们无法消除情绪,也无法躲避情绪,更无法控制情绪。

我相信每个人的每一天都在体验着不同的情绪。在过往的人生经历中,大家觉得自己的积极情绪比较多还是消极情绪比较多?或是未曾关注过自己的情绪状态?在教育孩子的过程中,是否受到过情绪的影响呢?我们的孩子是否常常遇到情绪的难题呢?

本章将带领大家一起读懂情绪,共同探索与情绪的相处之道,希望能帮助大家提升积极情绪,更好地应对消极情绪。

认识情绪

我们将从情绪的定义、构成元素、特性和分类来更全面地认识情绪。

情绪的定义。

情绪是指个体需求在达成或违背相应预期时,在生理反应上的评价和体验。比如一件事情达成了你的需求,你会产生积极情绪;如果一件事违背了你的期望,你会产生消极情绪。

情绪的构成元素主要包括以下四个方面。

第一,主观感受,指对某些刺激做出感受的反应。比如一件事发生之后,你是感到高兴还是感到难过? 你能否用一个准确的词语把你的感受描述出来?

第二,生理上的应激反应,指身体或体内器官状态的改变。例如,我们在生气和愤怒的时候会心跳加速,有些人还会紧握拳头;有些人在恐惧的时候会逃跑;有些人在害羞的时候会脸红。

第三,认知评估,指个体根据各种信息判断所处状况的意义,特别是对其中的刺激物(事件,目标,想法)进行解释和评估的过程。我们生活中发生的各种事情基本都是中性的,由于我们对这些事情赋予了不同的评价、解释或意义,我们就产生了不同的情绪。如果我们赋予一件事情积极的意义或正面的解释,我们就会产生积极的情绪;如果我们赋予一件事情消极的意义或负面的解释,我们就会产生消极的情绪。举个例子,你今天来到公司后发现一位同事在对你笑,你觉得这是为什么？你会觉得他笑是因为喜欢自己，或者是因为发生了一件好事，这样的解读会使你的心情比较愉悦；而你也可能认为他笑的原因是还在嘲笑自己昨天发生的丑事，此时你可能会产生不高兴的情绪。

第四，行为反应，比如微笑或哭喊等表达情绪的行为及活动；比如有些人在高兴时会找人攀谈，有些人在悲伤时会找人倾诉。

当阅读到此处时，请大家结合这四个构成元素切实地去感受自己的情绪状态。首先，问问自己现在的主观感受是平静的，是焦虑的，还是兴奋的？我们在阅读本书时的情绪变化可能不明显，但我们可以观察一下自己的肢体动作，我们是用手托着下巴在思考，还是正襟危坐？接下来，评估自己此刻情绪状态产生的原因和肢体动作变化的原因。最后，观察自己的行为反应，我们此刻是在微笑还是皱着眉头？只有明确感受到自己的情绪状态，我们才能更好地管理情绪。

情绪具有四个特性。

第一，情绪具有普遍性，情绪是人人都有的。

第二，情绪具有瞬时性。无论我们现在处于什么样的情绪状态，它都只是暂时的，一会儿就会走掉。也就是说，我们不会一直处于愤怒、无助或绝望的情绪中。

第三，情绪没有好与坏之分，但有正与负之分。在我们的习惯中，我们会给愤怒、焦虑、痛苦、恐惧、失望等贴上"坏情绪"的标签，所以我们不接纳自己有这些情绪，也不允许孩子和伴侣有这种情绪。这时，孩子受父母的影响，可能也在无形中产生了一种观念，即负向情绪都是坏情绪。此后，孩子即使产生了负向情绪，也不和父母表达，反而将其压抑在心中,长此以往,孩子会形成一个压抑自己情绪的习惯,这可能会影响孩子的性格,比如使孩子变得自闭。所以,我们要接纳自己和孩子的所有情绪。

第四,情绪具有强弱性,如从愉快到狂喜、从不悦到愤怒。情绪强度的大小取决于引发情绪的事件对个体意义的大小。

情绪的分类。

情绪分为积极情绪(正向情绪)和消极情绪(负向情绪)两大类。可以把积极情绪理解为让我们感觉舒服的情绪,把消极情绪理解为让我们感觉不舒服的情绪。研究积极情绪的代表人物芭芭拉·弗雷德里克森把积极情绪分为十种,分别是喜悦、感激、宁静、兴趣、希望、自豪、逗趣、激励、敬佩、爱。消极情绪包括恐惧、愤怒、伤心、厌恶、焦虑等。

积极情绪的重要性

先处理情绪还是先解决问题?

我们先来看一个案例:吃完晚饭后,小明在自己的屋子里做数学作业,妈妈则在一旁边叠衣服边陪伴小明写作业,但是小明一直没有动笔,而且时不时挠头,妈妈见此情况,便过去询问发生了什么事情。原来是小明有好几道数学题不会做,所以才停笔思考。接下来我们来看看两种不同类型的妈妈对此做出了怎样的反应。A妈妈说:"这么简单的题都做不好,这几道题考察得不是前两天老师刚讲过的知识点吗? 肯定是你上课没好好听讲,真笨,我来教你,是这样的……"B妈妈说:"小明,是不是遇到难题不会做了?没关系,慢慢来不着急,好好想想题目要考查什么知识点?或许你可以查查数学书,实在没有思路的话,休息一会儿,喝点水或吃点水果,然后再来做剩下的几道题。"

通过分析这则案例,我们发现A妈妈是以一种消极的情绪与孩子进行沟通的,我们可以回想一下,在辅导孩子写作业的时候,我们是不是也经常以这种方式跟孩子进行互动。你觉得孩子会产生什么样的情绪?是否有利于孩子接下来更好更快地完成作业?我们来具体分析一下A妈妈的话。"这么简单的题都做不好",首先,这些题对于作为成人的我们很简单,简单只是我们的一种主观评价,但是对于孩子而言可能并不简单。其次,A妈妈说孩子"做不好","做不好"的标准是什么?这个标准是否合理?再者,A妈妈说"肯定是你上课没好好听讲,真笨",这是在否定和批评孩子的人格,以这种方式跟孩子沟通一定会产生阻力,起到反向作用。这提醒我们,在与孩子互动时,一定要注意少说类似否定孩子感受、打击孩子人格、摧毁孩子自尊心和自信心的话。B妈妈虽然也没有解决孩子的作业问题,但是B妈妈的话可以起到帮助孩子缓解消极情绪的作用。之前我在朋友圈看到过一则视频分享,视频中的孩子正在打盹,老师看见后并没有训斥孩子,而是叫醒孩子,帮孩子捏了捏肩膀。每个孩子都会有情绪低落或状态不佳的时候,如果我们在此刻能给予孩子一些言语上的关心或动作上的支持,孩子的情绪便会在一定程度上得到缓解。

通过A妈妈和B妈妈的回应对比,我分享给大家一句话:有时候,当下能不能解决问题真的不重要;重要的是你能不能以一个积极的情绪来面对这件事情。当孩子遇到一些问题时,你若急于解决问题,你会发现不仅自己的情绪没有得到缓解和释放,孩子的情绪也没有得到缓解和释放,大家都处于一种焦虑的状态,最后问题也不会得到解决。所以,先处理情绪再解决问题很重要。

积极情绪的重要性体现在哪些方面?

第一,积极情绪有利于身体健康。

积极情绪高的人拥有更健康的身体、更强的免疫系统、更低罹患心脏病的风险,疾病后也会更快康复;积极情绪高的人拥有更高的抗压能力、更低的压力水平;积极情绪高的人拥有更少的身体疼痛;积极情绪高的人拥有更多的健康行为,如健康饮食习惯、健身锻炼习惯。

积极情绪多的人更不容易感冒。卡内基梅隆大学心理学教授谢尔顿·科恩曾做过一项研究,研究对象为年龄在18岁至54岁之间的334名成年人,其中男性159人,女性175人。他测量了这些人的积极情绪(活跃、振奋、精力充沛、快乐、喜悦、开心、安心、平静、放松)和消极情绪(难过、抑郁、伤心、暴躁、焦虑、紧张、敌意、仇恨、愤怒)。然后他给每个人的鼻子里滴入感冒病毒,进行隔离观察。结果发现,积极情绪比较多的人患感冒的概率为19.81%,积极情绪比较少的人患感冒的概率为32.49%。也就是说,积极情绪多的人更不容易感冒。除了普通的感冒,科恩还针对流行性感冒做了实验,结果也是一样的,积极情绪多的人不容易患流感。

第二,积极情绪高的人拥有更紧密的社会关系。

大家更喜欢和积极情绪高的人相处,积极情绪高的人拥有更多的朋友和社会支持。情绪是可以相互传染的,假如你今天非常高兴,结果回家之后发现家里的气氛很紧张,可能你的高兴程度瞬间就降低了,你的情绪很容易受到家庭情绪氛围的影响。所以,父母要给孩子营造一个充满积极情绪的家庭氛围和环境。当孩子感受到家庭中温馨、安全、放松的氛围时,孩子就能产生更多平静、喜悦和感恩的情绪,孩子也更愿意和父母交流。积极情绪高的人更容易结婚,不容易离婚,同时拥有更高满意度的婚姻和亲密关系。积极情绪高,夫妻关系、亲子关系相对而言也会更好。积极情绪高的人也更愿意去当义工和捐钱帮助别人。

第三,积极情绪高的人拥有更优秀的心理特质。

例如,积极情绪高的人更有创造力,更有慈善的心,更乐于助人,自律能力和应对挑战的能力更强。心理学家曾做过这样一个实验,实验分两种情况:一种是在电话亭内放入 10 美分硬币,另一种是电话亭里没有放钱。当打电话的人从电话亭里出来后,实验者安排人抱着一堆书从这些人的面前路过,故意将书掉到地上。结果显示,没有捡到钱的人当中,只有 5% 的人帮忙捡起了掉落的书,而捡到钱的人当中有 90% 以上的人主动伸出了援助之手。由此可见,积极情绪高的人更愿意帮助他人。

第四,积极情绪高的人更容易成功,这种成功体现在各个领域。

美国加州伯克利大学曾经测量大学新生的快乐程度,19 年后追访发现,新生入学的快乐程度可以预测他们 19 年后的情况,当初更快乐的大学生的收入更高、对工作更满意、更少被解雇。研究者调查了这些大学生当时的家庭背景,把他们的家庭收入分为三类,分别是高收入(年收入为4万美元)、中收入(年收入为2.5万美元)和低收入(年收入为1万美元)。结果显示,来自低收入家庭中的积极情绪高的大学生比积极情绪低的大学生每年约多赚1万美元,来自高收入家庭中的积极情绪高的大学生比积极情绪低的大学生每年约多赚2万美元,这是一个非常明显的差距,这表明积极情绪确实有预测未来收入的作用。心理学家吕波密斯基和迪纳发现,快乐的员工与中性的和有压力的员工相比:工作效率高31%,销售额高37%,创造力高三倍。

除此之外,积极情绪高的学生在标准化考试中的成绩更好。积极情绪高的医生更善于整合案例的信息,能更少固守最初不成熟的诊断方法,能提出更好的诊疗方案。积极情绪高的管理人员在人际关系上更好,能帮助团队更好地协作,降低管理成本。在商业谈判中,积极情绪高的人更友好,有更多善意,更能为他人利益着想……

第五,积极情绪还具有一定的进化意义。

通过表3-1,我们可以看到不同的积极情绪所产生的进化意义。

表3-1　积极情绪的进化意义

积极情绪	认知	行为倾向	进化意义
喜悦	安全、熟悉、进步	玩乐	获取技能
感激	得到礼物、益处	创造性回报	社会关系、爱的能力
宁静	安全、确定、不需要很多努力	回味、整合自我内在	拓宽自己的视角和世界观
兴趣	安全、新奇、神秘	探索	获得知识和能力

续表

积极情绪	认知	行为倾向	进化意义
希望	期待更好的情况	创造性	增加韧性
自豪	社会认可的价值与成就	更大的梦想	寻求未来更多的成就
逗趣	新奇有趣的事物	分享快乐	获得新的体验和知识、不断扩展自己的视野
激励	观看到卓越的技能或者人性的光辉	追求卓越或想要成为那样的人	提升技能或道德水平
敬佩	被伟大的力量所折服	与新的伟大的力量结合	将自己投入到那个更伟大的事物中
爱	在联结中流动着深刻的情感	促使你与更亲密的人有更多的交流、探索和享受当下体验	建立深刻的人际联系，自我成长

　　第一列为积极情绪的种类，我们需要觉察自己现在究竟处于哪种积极情绪状态，应该用哪一个情绪词来描述自己的情绪状态。

　　第二列为认知，即我们在什么样的前提、环境和条件下能产生这样的积极情绪，比如我们在安全、熟悉等情况下会产生愉悦的情绪。作为父母，我们可不可以给孩子多创造一些能让孩子产生这样的积极情绪的情境或环境呢？比如我们想让孩子多一些被激励的情绪，那么我们可以多带孩子观看一些关于介绍卓越技能或人性光辉的视频和书籍。

　　第三列为行为倾向，孩子的一些行为倾向是由积极情绪带来的，我们可以针对孩子的行为进行正向强化，让孩子产生积极情绪的时间变长、频率变高。在生活中，我们要多多观察，什么事让孩子产生积极情绪？孩子什么时候容易产生积极情绪？产生积极情绪后有什么行为？当孩子产生积极情绪的时候，我们要给予及时的反馈，肯定孩子的积极情绪。

第四列为进化意义，即孩子产生积极情绪之后对自己产生的积极影响。比如当孩子对某一事物产生兴趣的时候，他可能会获得知识和能力。

如何提升积极情绪

积极情绪对于我们如此重要，我们该如何提升积极情绪呢？

第一种方法，记录三件好事（三个幸福时刻）。

塞利格曼和彼得森一起做了一个关于"三件好事"的研究，他们将志愿者分成三件好事组和对照组，三件好事组每晚写下当天发生的三件好事及原因，对照组每晚写下一件早年的回忆。根据两位教授对志愿者的追踪测试，六个月后，三件好事组的幸福指数平均比对照组高5%，而抑郁指数比对照组低20%。

我们可以每天晚上写下今天发生的三件好事。这些好事不用必须是升职、加薪、结婚、生子、考试名列前茅、比赛得奖、考上重点学校等那样的大事，也可以是日常生活中常见的小事，比如读到一本好书、吃到一道好菜、听到一个亲友的好消息、孩子今天会走路了、孩子被表扬了、孩子写作业进步了、公交车上有人给你让座，等等。

第二种方法，品味生活。

品味生活主要包括三个方面。第一，憧憬未来。预期或是享受即将到来的积极事件，如当假期快要到来的时候，想到马上可以和家人团聚的幸福，或者可以去观异地风景、品异地美食。第二，活在当下。比如感受一下全神贯注吃一个橙子时的感觉。第三，回忆过去。重新体验那些快乐的事情可以让你找回当时的快乐，也可以重新体验当时出现的积极情绪。例如，你拿着相册，翻看以前的照片时，你会重新回忆当时的美好画面，这种对过去美好记忆的重温会让你获得快乐的积极体验。

第三种方法，表达感恩。

研究表明，最能预测一个人主观幸福感的就是感恩，你的感恩水平越高，你的幸福感就越高，生活也就越满意和幸福。

有些家长会问，怎样才能让孩子懂得感恩或学会感恩呢？其实很多家长在与孩子互动过程中带给孩子的不是感恩，而是负债感。感恩和负债感有什么区别？感恩的情绪类型是积极的，负债感的情绪类型是消极的；感恩产生的行为是自发地回馈对方，负债感产生的行为是被迫地回馈对方；感恩的情感体验是温暖的、感动的，能感受到人性的温暖，负债感的情感体验是难受的、有压力的，是一种亏欠感。我们可以审视一下自己给孩子营造的氛围是感恩还是负债感，自己是否有意或无意地向孩子传递了一种信息：我们为你付出了很多，花费了很多精力在你身上，我们所做的一切都是为你好，你为什么还不好好学习！当孩子感受到家长的这种想法时，孩子产生的一定是负面情绪。我们应该让孩子知道：我们爱你不是因为你成绩好，也不是因为你听话，我们爱你只是因为你是我们的孩子。我们给予孩子的应该是无条件的爱，而不是有要求的爱。想让孩子学会感恩，我们首先要给孩子营造一种感恩的氛围，在生活中，我们有没有经常感恩自己的伴侣和长辈？如果孩子经常听到感恩的话语或看到感恩的行为，孩子自然而然就能学会感恩。如果孩子既没有见过他人的感恩，也没有被感恩的体验，孩子就很难产生感恩的情绪，也无从习得感恩的能力。

感恩的触发条件包括感受到获益、感受到给予者的付出、感受到给予者的善意和超越心理期待。表3-2为一则生活中的感恩教育的示例。

表3-2 生活中的感恩教育

谈话	感恩的触发条件
"你觉得鸡汤好喝吗？"	获得了好处
"你猜猜鸡汤是谁做的？姥姥今天一大早特地去市场买的老母鸡。"	付出的人
"姥姥昨天对我说，你最近一周都在复习考试，很辛苦，所以她希望你一回来就能喝上最爱喝的鸡汤。"	付出者的好意
"姥姥今天推掉了往常的合唱活动，在厨房里忙碌了一上午炖鸡汤。"	付出者的努力
"我们可以做些什么来感谢姥姥呢？"	感恩行动

我们可以看到，家长在与孩子互动时采用的是引导性的提问，以此来让孩子关注到这一件温暖的、充满爱的事情，并让孩子主动表达

感恩,这值得我们借鉴。

感恩拜访(感恩信与拜访)也是一种表达感恩的方式。接下来,请你读一读下面这段话。

请你静下来,回忆一下自己的人生经历。这么多年来,在你的生活中、工作中和成长的历程中,一定有人给予了你很大的帮助。那个人可能是你的父母,默默给予你无条件的支持和爱;可能是你的孩子,他虽然没有做什么,但是他的存在却给予了你强大的动力和生活的希望;可能是你的伴侣,他不发一言,十年如一日地默默守护,他给予的家庭温暖兴许难以觉察却润物无声;可能是一位贵人,在你最需要帮助的黑暗时光里,强而有力地扶了你一把,帮你渡过难关。在你生命中总有一些人,如果没有他们,就不会成就今天的你。

当你读完这段话后,你想到了谁? 你最想感谢谁? 你可以写一封感恩信给他。

第四种方法,帮助他人。

有人曾要求积极心理学的创始人之一——克里斯托弗·彼得森用两个字来描述积极心理学讲的是什么。他回答:“他人。”帮助他人会提升我们的积极情绪。我们可以每日或者每周做几件助人的好事,比如给别人一个微笑、爱心捐赠、给辛苦的清洁工送一杯热茶、参与社区服务、让座让行等。

除此之外,冥想、帮助孩子发挥优势、和好朋友相处、接触大自然、运动等都可以提升我们的积极情绪。

消极情绪的来源、进化意义和应对方法

消极情绪的来源。

消极情绪通常来源于客观发生的事件或自己编演的悲剧。何为客观发生的事件？2020年发生了全球性的疫情，千万家庭都受到了影响，人们由此产生了许多消极情绪，但这次事件是一个客观发生的事件，是我们无法改变的。何为自己编演的悲剧？例如，对于孩子不好好写作业这件事，你可能觉得孩子的成绩会因不写作业而退步，成绩退步就考不上好大学，考不上好大学就找不到好工作……这样的想法越多，产生的消极情绪也就越多。

研究表明，消极情绪压力往往是自己造成的。消极情绪压力来源的比例如下：40%来源于对未发生事情的忧心忡忡，30%来源于对已发生事情的耿耿于怀，12%来源于对别人的评价过于在乎，10%来源于对自己身体状况过于在乎，8%来源于生活当中必须面对的压力。所以，当我们产生消极情绪压力的时候，我们可以问一问自己为什么会产生消极情绪，消极情绪的来源是什么，是在担心未来将要发生的事情还是对过去的事情耿耿于怀？

• 未发生的事情一定会按照自己担心的结果发生吗？如果不会，那我们就没有必要担心了。如果会，我们可以想想，自己现在可以做哪些事情去避免。如果不知道自己担心的事情是否会发生，那么我们可以列出几种可能的结果，并写出应对策略。

• 过去已经发生的事情无法改变，当我们对已发生的事情耿耿于

怀时,我们可以调整自己的观念和认知,改善自己的评价系统。

· 当消极情绪压力来源于对别人的评价过于在乎时,我们可以思考一下自己在乎的是谁的评价,他们的评价是否符合事实。

· 有些人的消极情绪压力来源于对自己身体状况过于在乎,我们要知道每个人都是独一无二的,无论高矮胖瘦,一定都有着自己独特的魅力和特点,我们应该肯定自己。

· 生活当中必须面对的压力只占8%,当我们做到与前四项压力和解时,剩下的压力就很容易应对了。

消极情绪的进化意义。

不仅积极情绪有进化意义,消极情绪也具有一定的进化意义,能带给我们一些积极的影响。表3-3介绍了五种消极情绪带来的进化意义。

表3-3　消极情绪的进化意义

消极情绪	行为倾向	进化意义
恐惧	促使你逃跑	逃离危险;安全
愤怒	促使攻击或示威	提醒你受到侵犯;保护自己以及所属
伤心	促使你关注失去	提醒你可能有重大失去
厌恶	促使你远离	远离有害、恶劣的事物
焦虑	促使你集中注意力,应对危险	警告你危险就在身边或不远的未来

从上表中可知:恐惧情绪能帮助我们逃离危险。比如一个人夜晚回家时觉得某条路很阴森、很恐怖,那他可能就不会选择去走那条路,从而远离一些不必要的危险。愤怒情绪可以提醒我们,当他人的所作

所为令我们愤怒时,我们可以通过语言或非语言的形式表达出来,让对方得知他触犯了我们的底线、侵犯了我们的利益。伤心情绪可以提醒我们可能会有重大失去,促使我们去关注失去的事物,以及思考应该如何接纳和应对。厌恶情绪可以促使我们远离有害的、恶劣的、能伤害到自己的事物。比如我们很讨厌煤气的味道,当我们闻到煤气味时自然会远离。焦虑情绪具有警告危险就在身边或即将来临的作用。比如孩子的某种状态让我们产生了焦虑的情绪,这旨在警告我们如果不去学习和改变,亲子关系可能会变得越来越糟糕。

我们再来看看消极情绪和积极情绪的对比(表3-4)。

表3-4　消极情绪和积极情绪的对比

	消极情绪	积极情绪
进化意义	生存;攻击或逃跑	拓展与构建
获益方式	短期、暂时获益,生存帮助	积累长期资源,包括智力、生理、社会和心理资源
适用情景	威胁情景	成长情景
思维影响	窄化个体思维资源	开放、尝试、接受新信息
行动倾向	直接、立即采取特定行动	间接、缓和采取非特定性行为
生理反应	如愤怒和恐惧导致心跳加快;血液流向四肢;肾上腺分泌;肌肉收紧	心跳缓和;血液平和;身体放松;胸腔扩展

用一句话来概括表3-4就是,消极情绪保护我们的安全,积极情绪提升我们的幸福感。

消极情绪的应对方法。

消极情绪确实有一定的作用,但消极情绪过多会带来很大的危害,研究发现,积极情绪和消极情绪的下限比是3:1,上限比是11:1,在这个范围内才是适当且健康的情绪状态。如果我们过于压抑自己的消极情绪,消极情绪的强度反而会越来越大。研究发现,试图压抑吸烟愿望的人,对于烟的渴望比那些没有压抑企图的人要更强烈;试图逃避回想创伤和焦虑性的事件往往会促使这些事件在头脑中不断出现,从而引发恶性循环,使得焦虑性事件持久并且难以摆脱;对于抑郁症来说,试图压抑负面思维可能会使得抑郁更加强烈,导致加倍的心理沮丧;企图逃避疼痛、创伤和困扰会导致症状更严重。消极情绪就像一头猛兽,我们越把它关在笼子里,它就越想逃脱;它挣扎得越厉害,我们就越需要耗费更多的力量去压制它,消极情绪水平随之也越来越高,以此形成恶性循环。那么,我们该如何应对消极情绪呢?

第一种方法:食疗。

我们从食物方面来看一看消极情绪产生的原因以及应对方式。例如,愤怒情绪的产生可能是因为平时吃肉和糖比较多,此时我们可以选择吃一些瓜子,这有助于平静心情;也可以选择喝一点啤酒,这有助于我们走出愤怒情绪。焦虑神经质的产生可能是由于吃得过少、缺锌或咖啡过量,我们可以选择喝一些麦片粥和绿茶,或吃一些草莓和蔬菜,麦片粥可以使人安静下来,绿茶可以帮助人放松心情,草莓可以让人产生舒适感,蔬菜有助于镇静神经和安定情绪。昏昏欲睡情绪的产生可能是由于身体摄入盐分过多、缺少铁元素或不注意荤素搭配,我们可以吃一些鸡蛋、柠檬或核桃。情绪低沉或抑郁可能是因为体内氨基酸不平衡,缺乏维生素C或缺乏镁元素,我们可以吃一些香蕉、鸡蛋等,每日摄入的食物种类最好不少于20种。

第二种方法:情绪ABC法。

情绪ABC法由美国心理学家阿尔伯特·艾利斯创建,A是Activating event,指激发事件;B是Belief,指由A引起的信念和我们对A的解释;C是Consequence,指情绪和行为的结果。艾利斯认为人的消极情绪和行为结果(C)不是由某一激发事件(A)直接引发的,而是由个体对这一激发事件不正确的认知和信念(B)直接引起的。举个例子,假如你的伴侣莫名地冲你发了一顿脾气,你会有什么反应? 有些人觉得伴侣无理取闹,无缘无故冲自己发脾气,自己也很生气。有些人会想伴侣是不是在单位遇到了一些不开心的事情,需要把情绪发泄出来。不同的人对伴侣发脾气的事情有不同的解释和信念,那么产生的结果也会不一样。第一种反应可能会使你与伴侣发生一些冲突和争吵,第二种反应可能会让伴侣感受到你对他的理解和关爱。表3-5列举了一些大家可能产生的信念及导致的情绪结果,大家可以将其与自己遇事时经常产生的情绪结果进行对照。

表3-5 信念与情绪/行为的对应

信念B	情绪结果C
失去(我失去了什么)	悲伤/退缩
危险(坏事即将发生,但我毫无办法)	焦虑/激动
被侵害(我被伤害了)	愤怒/攻击
造成伤害(我伤害了别人)	内疚/辩驳
消极比较(我不如别人)	尴尬/躲藏

续表

信念B	情绪结果C
珍视所得(我得到了宝贵的礼物)	感恩/回馈
积极贡献(我做出了贡献)	自豪/分享
积极的未来(将来一切会更好)	希望/能量充沛/采取行动

A是已经发生的事件,是不能改变的,我们需要改变的是信念(B),不同的信念会导致不同的情绪结果(C)。我们该如何通过改变信念来调节消极情绪呢?我在情绪ABC法的基础上做了一些改动,变ABC为NABC。N(negative emotion)指对消极情绪的觉察,觉察分为不知不觉、后知后觉、当知当觉和先知先觉。有一部分人意识不到自己产生了消极情绪,这是不知不觉。有一部分人在发完脾气和发泄完消极情绪之后才后悔自己当时的做法,这是后知后觉。有些人在与他人争吵或发生矛盾过程中就能意识到自己目前的情绪状态比较消极,这是当知当觉。有些人在消极情绪即将出现的时候就有所觉察,这是先知先觉。觉察是缓解消极情绪和释放消极情绪的基础,我们只有觉察到自己现在产生了消极情绪,我们才有可能做出改变。然后,接纳A,我们需要接纳已经发生的事件。接下来,反驳B,当我们觉察到自己因为A的发生产生了消极情绪,我们就要思考到底是什么样的信念使自己产生了消极情绪,然后反驳这些不合理信念。心理学家韦斯特总结了不合理信念的三个特征:绝对化要求、过分概括化、糟糕至极。绝对化要求指个体从自己的意愿出发,认为某件事一定会发生或一定不会发生,它通常与"必须""应该"这类字眼连在一起。例如,别人必须

对我好;孩子应该按我的要求去做。过分概括化是指以某一具体事件、某一言行来对自己进行整体评价,是一种以偏概全、以一概十的不合理思维方式的表现。例如,我在一件事情上失败了,就认为自己一无是处。糟糕至极是指个体认为如果某件不好的事情一旦发生,其结果必然是非常可怕、糟糕至极的。例如,如果现在孩子不努力学习,这辈子就完了。在找到信念的不合理之处并且进行反驳后,结果自然而然就改变了。

我在《积极家庭》课程中统计了大家消极情绪的来源,主要包括工作和努力不被看到、孩子不上进、入不敷出、跟家人之间有矛盾和误会、身体不舒服、原定计划泡汤、自己的付出不被理解、被同学或同事嘲笑、被家人嫌弃、本来可以做好的事情搞砸了,等等。接下来,我以"孩子不上进"为例来讲一讲具体如何运用NABC法。当你看见孩子不上进时,先觉察一下你会产生什么样的情绪(N)。焦虑? 无助? 失望? 担心? 不满? 什么事件或孩子什么样的行为让你觉得孩子不上进? 既然事情已经发生,你就必须去接纳它(A)。然后,想一想自己为什么会觉得孩子不上进,什么样的想法让你有消极情绪。你认为孩子应该上进,如果孩子不上进,学习成绩就会变差,以后可能考不上好学校,这就是一种不合理信念。此时,我们需要反驳不合理信念,问问自己还有没有其他可能性(B)。其实不上进本身就是一种评判,孩子做到什么程度才算上进? 上进的标准是什么? 这个标准是否科学? 孩子目前的一些行为让你觉得他不上进,难道孩子以后会一直不上进吗? 我在"积极优势"这一章讲过要用发展性思维看待孩子的行为,孩子并不是一成不变的,孩子目前的行为并不代表以后的行为。在我们反驳自己的不合理信念后,消极情绪就会得到缓解。

第三种方法:合理发泄。

当我们觉察到自己产生消极情绪的时候,可以用合理发泄的方式去缓解和释放消极情绪。例如,我们可以做一些运动,身体在运动时会分泌多巴胺、内啡肽和血清素等,这会使我们的心情变得愉悦。哭是一种合理的发泄方式,我们可以大哭一场,把负向能量释放出来。表达即疗愈,我们也可以找信任的人倾诉自己的消极情绪。

第四种方法:冥想。

冥想的具体步骤可参照第1章"积极身心"中的内容。

父母课堂

1.提升积极情绪的方法:①记录三件好事(三个幸福时刻)。②品味生活。③表达感恩。④帮助他人。

2.应对消极情绪的方法:①食疗。②情绪ABC法。③合理发泄。

第 4 章

积极投入

> 积极投入旨在通过培养孩子对生活与学习的内在动机,来提升其专注度和投入度,让其学会主动创造福流,投入并爱上所做之事,体会过程中的快乐。

现代社会中,各种商业化、娱乐化甚至无效化的碎片信息充斥着我们每一寸生活空间,这使得每个人都将大量的时间和精力分散在各种不必要的事物上,很难再去专注自己的本职工作。成人尚且如此,孩子的心智能力在相对偏低的条件下,就更加难以进行个体的自我管理和自我目标的达成。而孩子在生活或者学习目标未达成之时又会产生相应的消极体验,多次之后往往就会形成恶性循环,从而降低了孩子的自我效能感。所以,无论是学习还是生活中的方方面面,让孩子能保持一个投入或沉浸其中的状态非常重要。由此,我们从积极心理学中引入了"福流(flow)"概念,来和各位家长分享如何让孩子投入并爱上所做之事,进而快乐生活、快乐学习。

福流的体验

什么是福流?

积极心理学之父塞利格曼在《持续的幸福》一书中这样描述投入:投入(engagement)与福流(flow)有关,指的是个体完全沉浸在一项吸引人的活动中,自我意识消失,时间好像停止了。在这里,出现了一个陌生的词汇——福流,什么是福流?"福流"的概念最早是积极心理学家米哈里教授在20世纪六七十年代发现并提出的。米哈里在观察画家、棋手、攀岩者和作曲家等在自身领域有杰出成就的人时,发现这些人往往能够全神贯注地投入他们的工作或活动,时常忘却时间,感觉不到时间的流逝,注意力非常集中,对身边的事情缺少感知,不易受到干扰。米哈里将这种全神贯注的积极体验或状态称为福流。

福流体验具有六种心理特征。

第一,知行合一,指所想和所做的事情一致。第二,陶醉其中,指发自内心地沉浸在所做的事情当中。第三,无惧失败。第四,时间飞逝。第五,驾轻就熟,指可以掌控某件事情,完成这件事情时得心应手。第六,激励不断,指我们在做某件事情时能一直感受到积极的反馈,有被鼓励、被激励的感受。

想一想,我们做什么事情的时候会产生福流的体验?有人说工作的时候会产生福流的体验,有人说阅读喜欢的书时会产生福流的体验,有人说看手机小视频时会产生福流的体验……那么为什么能产生福流的体验呢?

产生福流所必需的八个元素。

第一个元素，一项可完成的工作。假如孩子的英语比较差，只能考40分，家长要求孩子的英语成绩在短时间内达到及格或更高，那么这对孩子来说就是一项不能完成的工作，这个时候孩子可能会产生畏难情绪。想要让孩子在学习中产生福流体验，一定要给予孩子可以完成的工作，家长要思考孩子当下的能力以及当下能够达成的目标。

第二个元素，全神贯注于这件事情。在孩子学习的过程中不要给孩子太多的干扰。

第三个元素，有明确的目标。当我们没有目标地去玩游戏时，我们并不具有真正的福流体验，我们只是将注意力专注到游戏中。但很多游戏会设置许多任务，这些任务就是目标。此时，沉浸其中的我们也许就可以获得福流体验。

第四个元素，及时的反馈。例如，孩子在游戏通关后会获得一些奖励，这就是及时给予了反馈。

第五个元素，深入而毫不牵强地投入到行动之中，日常生活的忧虑和沮丧都因此一扫而空。

第六个元素，充满乐趣的体验使人觉得能自由控制自己的行动。

第七个元素，进入"忘我"状态，但福流体验告一段落后，自我感觉又会变得强烈。

第八个元素，时间感会改变——几小时犹如几分钟，几分钟也可能变得像几小时那么漫长。

那么,究竟符合哪些条件后可以使我们产生福流的体验呢?

第一个条件,挑战与技能相匹配。

米哈里在早期研究福流时,通过对个体能够知觉到的挑战难度和个体的技能之间关系的分析,得出了三种个体能够体验到的状态:福流、厌倦和焦虑。当挑战与技能相匹配时,我们产生的是福流的体验。当个体技能水平高而挑战难度偏低时,我们很容易产生厌倦的情绪。比如有一些办公室文员既会写作又会策划,但每天的工作内容很简单,这个时候他们往往容易厌倦自己的工作。当个体技能水平低而挑战难度偏高时,我们就容易产生焦虑的情绪。比如家长和老师对孩子的期望过高,孩子努力之后也达不到目标要求,孩子便容易焦虑。接下来,我们通过一个模型来详细地了解一下,当挑战与技能不匹配时该如何做调整。如图4-1所示,横坐标代表技能水平的高低,纵坐标代表挑战难度的高低,高挑战和高技能可以产生福流的体验,低挑战和低技能也可以产生福流的体验。当我们处于焦虑状态时,往往说明此时的挑战过高,提高技能水平或降低目标可以帮助我们回到福流的体验。当我们觉察到无聊或厌倦时,往往说明此时的技能水平高,提升挑战难度可以帮助我们回到福流的体验。举个例子,一个人刚开始学骑自行车时会处于焦虑状态,因为骑车很难;经过不断地练习,他掌握了骑车的技能,并骑得很好,此时就进入了福流状态;当他的骑车技能越来越好后,他开始进入一种无聊的状态,因为骑车对他来说没有挑战感;之后,他在骑车时会松开车把,这就是在提升挑战难度,此时他又开始享受骑车这项活动,重新回到福流状态。我们做任何一件事情都可能会在这三种状态间变换，关键的是我们在变换的过程中要觉察到自己当下的状态，并及时去调整，使自己稳定地处于福流的体验中。

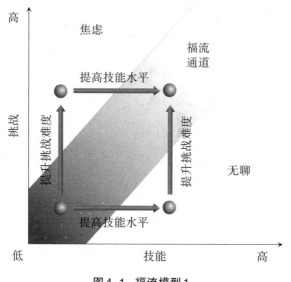

图4-1 福流模型1

随着研究的深入，福流模型得到了进一步的完善，最终得到了挑战与技能的八种组合关系（如图4-2）。高挑战和中等技能会使我们产生激励的心理状态；高挑战和高技能会使我们产生福流的心理状态；中等挑战和高技能会使我们产生控制的心理状态；低挑战和高技能会使我们产生厌倦的心理状态；低挑战和中等技能会使我们产生轻松的心理状态；低挑战和低技能会使我们产生冷漠的心理状态；中等挑战和低技能会使我们产生忧虑的心理状态；高挑战和低技能会使我们产生焦虑的心理状态。根据图4-2所示，我们来分别看一看哪些事件会让我们产生这八种心理状态。

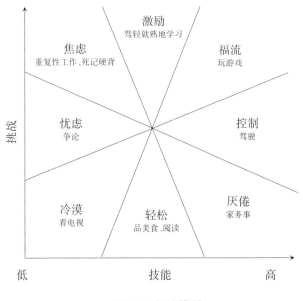

图 4-2　福流模型 2

• 冷漠:我们在看电视时的心理体验是冷漠的,因为看电视既没有目标也不需要技能。

• 轻松:我们在日常阅读文章时需要进行思考和理解,这需要一点技能,同时挑战难度很低,此时我们会有一种轻松的感觉。

• 厌倦:做家务需要一定的技能水平,但做家务不能让我们有挑战的感觉,因为我们的能力很强,而做家务是一件无聊的事情。

• 忧虑:争论有一定的挑战难度,我们在与他人发生争论时希望能说服对方或希望对方认可自己,但争论是一件低技能的事情,我们表达出自己的观点即可。我们在争论时会处于忧虑的心理状态,担心争论后对方依然不认可自己的观点。

• 控制:驾驶汽车需要高技能,但驾驶带来的挑战感并不强烈,我们能控制自己对汽车的驾驶。

· 焦虑：人们在自身技能水平低却需要完成高挑战的任务时，需要做很多重复性的工作或死记硬背某些东西，反复练习后，技能才可能得到提升。在这个过程中，人们会处于焦虑状态。

· 激励：当任务的挑战难度比技能略胜一筹的时候，我们就能产生激励的感觉，比如孩子在学习某一科目上有优势，当他准备去参加难度较高的学科竞赛时，就会被激励去更努力地学习。

· 福流：玩游戏可以产生福流的体验，为什么？当孩子刚开始玩游戏时，游戏相对比较容易通关，孩子此时处于一种轻松的状态，孩子的能力略高于挑战目标；当游戏进行到一定程度时便会增加难度，使挑战目标略高于能力，此时孩子处于激励的状态，孩子通过反复练习完成游戏任务；慢慢地，孩子的技能不断提高，当技能与挑战都处于高水平时，孩子就产生了福流的体验，此时游戏对于孩子来说是一种享受，这也是孩子容易沉迷游戏的原因。

第二个条件，每一步都有明确的目标。

以高一孩子设定目标为例子，我们帮孩子设定目标时要先从未来职业入手（如图4-3）。具体来说，确定未来的职业发展后，下一步就要选择相关的大学专业。如果孩子想当老师，上大学时就要选择教育学等专业；如果孩子想当医生，上大学时就要选择医学专业。下一步，帮孩子找到相应的大学，比如孩子想当警察，那么我们可以查一查哪些大学有与这一职业相关的专业及警察学院有哪些，然后去查一查这些大学近几年的录取分数线，确定高考时应达到的成绩。

下一步,根据高考成绩确定高三第一轮复习的成绩,再由此推测出高一期末考试成绩。接下来,分析当前提分科目,确定优势科目和劣势科目分别可以提升的分数,以及相关提分题型。根据提分题型制定周学习目标量,然后具体到日学习目标量,比如每天需要学习多少内容,练习多少道试题,练习哪些科目和哪些题型。这种设置目标的过程是清晰且具体的。

目标设定（高一） 未来职业 相关大学及专业 大学录取分数线 高三第一轮复习成绩

高一期末考试成绩 当前提分科目 相关提分题型 周学习目标量 日学习目标量

图4-3 目标的设定

第三个条件,及时的反馈。

美国心理学家罗斯和亨利为了考察结果反馈对学习成绩的影响,设计了学习反馈效应实验。研究者将一个班级的学生随机分成三组,每组学生需要学习相同的内容,但接受不同的反馈。实验分为两个阶段,共持续16周。具体来说,在实验的前8周,第一组学生在每天学习结束后被告知学习结果,反馈频率高;第二组学生每周被告知学习结果,反馈频率较低;第三组学生从不被告知学习结果,无反馈。在实验的后8周,第一组学生从不被告知学习结果,无反馈;第二组学生每周被告知学习结果,反馈频率较低;第三组学生在每天学习结束后被告知学习结果,反馈频率高。结果发现,第一组学生在前8周的成绩最好,而后8周由于得不到学习结果的反馈,成绩呈下降趋势;第二组学生的成绩始终处于中等水平,但由于能持续获得学习结果的反馈,成绩也稳步提高;第三组学生由于前8周无法了解学习结果,处于盲目状态,所以成绩最差,后8周由于得到了学习结果的反馈,成绩迅速提高。这说明及时反馈对个体来说非常重要。

福流与家庭环境的关系

大量数据表明,父母跟孩子的互动方式对孩子成年后成为什么样的人,有持续的影响力。米哈里教授团队在芝加哥大学的一项研究中发现,有助于产生最优体验(福流)的家庭环境具有五个特点。

第一,清晰。青少年知道父母对自己的期望,在家人互动关系中,目标与回馈都毫不含糊。也就是说,青少年知道父母希望自己成为一个什么样的人,当自己达到目标时,父母会给予肯定。

第二,重视。孩子觉得父母对他们目前所做的事、他们具体的感受与体验都有浓厚的兴趣,而不是一味巴望他们将来念一所好大学或找一份高薪的工作。重视不仅仅是对结果的重视,更重要的是父母要重视孩子在做事情的过程中的感受与体验。

第三,选择。孩子觉得自己有很多选择,包括与父母建议不同的选择,但是孩子得准备好自己承担后果。当父母给予孩子选择权的时候,说明父母很尊重孩子。

第四,投入。让孩子有足够的信心,放开自卫的护盾和自我意识,全心全意去做他感兴趣的事。孩子可以全身心地去做他想做的事情，而不用担心被批评和不被支持。

第五，挑战，由父母为孩子安排复杂渐进的行动机会。孩子从小需要通过不断的挑战来认识世界和获得成长，父母要给孩子营造一个挑战的环境。

这五个条件构成了一个"自成目标的家庭环境"，这五个条件或五大特点很明显与福流体验相同，在能提供明确目标、回馈、控制感、全神贯注，并着重事物本身动机及挑战的家庭环境中成长的孩子，通常更能掌握生活的秩序，享受福流。

米哈里认为好的家庭环境如下。

第一，不替孩子设立目标。强制给孩子设定目标往往起到反作用，家长更多时候应该给予孩子建议，而不是直接拍板定论。

第二，家长并不是什么都不管，家长设定的不可以做的事情的界限要清晰，界限之内的空间是孩子可以自主选择的空间。

第三，家长对孩子当下的兴趣、所做的事情和感受要留心和重视。这样，孩子知道什么事可以做，什么事不可以做，父母与孩子不必总是为规则与控制权而争吵；父母对孩子未来成就的期望也不会像一片阴影永远笼罩在孩子头上；同时孩子也不用受到家庭的干扰，可以自由发展有助于充实自我的兴趣。在秩序不佳的家庭里，孩子的大部分能量都浪费在层出不穷的谈判与争执，以及不让脆弱的自我被别人的目标所吞噬的自我保护上。

如何激发福流体验

孩子如果能够经常拥有福流体验,他们就更愿意投入更多的时间去学习、去运动、去与他人交流沟通、去跟他人结成好伙伴。那么,如何激发孩子的福流体验呢?

第一,有明确的目标。

美国著名哲学家、文学家拉尔夫·沃尔多·爱默生曾经说过:"一个一心向着目标前进的人,整个世界都会为他让步。"当我们有一个很坚定的目标时,我们的潜能才能更好地被激发出来,并为了这个目标而努力。哈佛大学曾经做过一个关于目标对人生影响的跟踪调查,结果显示,25年后,那些目标清晰且长远的毕业生几乎都成了社会各界顶尖的成功人士;目标清晰且短暂的毕业生大都生活在社会的中上层,但没有什么特别的成绩;目标模糊的毕业生几乎都生活在社会的中下层;没有目标的人几乎都生活在社会的最底层。因此,一个清晰、具体、长远的目标对个人发展非常重要,但在现实生活中,大多数人的目标都是模糊的。什么是模糊目标? 例如,父母常常对孩子说要考一所好大学、找一份好工作,但好大学和好工作的界限非常模糊。什么样的大学是好大学? 适合自己的大学是好大学还是排名前列的大学是好大学? 什么样的工作是好工作? 自己喜欢的工作是好工作还是薪资高的工作是好工作?

因此,我们一定要帮孩子制定明确的目标,制定目标时要遵循SMART原则。S是Specific,即具体性。我们制定的目标要具体到某一件事上。比如我们希望提升孩子的英语成绩,要明确说明提升的分数以及可以提分的题型。M 是 Measurable,即可衡量性。目标的设定是可以被数据衡量的。比如英语成绩提高10分需要孩子每天背10个单词或每天做一篇阅读理解。A 是 Attainable,即可实现性。目标应该在孩子可接受的范围内,孩子经过一定的努力可以达成目标。如果目标过高,孩子很容易焦虑或出现畏难情绪,进而放弃。例如,一个孩子出现了不想上学的想法,一定是在学校发生了一些让他觉得不愉快的事情,可能是因为老师的批评,可能是无法融入班集体,也可能是因为他觉得学习过于枯燥等。这个时候家长不能强求孩子立刻回到学校,而是应先设定一个孩子目前可以做到的小目标,比如让孩子每天在家中读一个小时的书或写两个小时的作业,然后慢慢地提高目标,最终,让孩子重返校园。R 是 Relevant,即相关性。目标一定要跟孩子本身有很强的相关性,当目标跟孩子的相关性强时,孩子处于主动状态,更有动力;当目标跟孩子的相关性低时,孩子是被动的。比如孩子希望英语成绩提升10分,这是为了自己能有一个更好的总成绩,孩子会为了达成目标而努力。如果孩子考一个好成绩只是为了满足父母的期望,那么这个目标跟孩子的相关性较低。因此,我们在帮孩子设定目标时要从孩子的立场、兴趣和梦想着手,提升目标与孩子的相关性。T 是 Time-bound,即时限性,孩子应在多长时间内完成目标。

第二,有清晰的规则。

规则一定要清晰,也要让孩子有参与感。例如,孩子每天要玩三个小时的手机,我们希望孩子缩短玩手机的时间,应该怎么办? 我们要先跟孩子协商并制定一个规则——每天只玩一个小时的手机,然后给孩子空余的两个小时安排一些他能接受的活动,让孩子的注意力从手机转移到其他事情上。例如,我们可以跟孩子一起外出散散步,一起做运动,或者陪孩子做一些他感兴趣的活动。

第三,挑战与技能(能力)相匹配,提高控制感。

这一部分内容已在前面"福流的体验"中做出了详细讲解,在此不再赘述。

第四,及时反馈。

"福流的体验"中分享了及时反馈对学习成绩的影响,这里主要分享反馈频率的作用。反馈频率可以分为低、中、高三个等级。低频率反馈是指一个月进行至少一次反馈,中频率反馈是指一周进行至少一次反馈,高频率反馈是指一天进行至少一次反馈。孩子爱玩游戏的原因之一就是能获得高频率反馈,孩子玩游戏时每通过一关就能获得一些奖励,孩子通过玩游戏容易得到同伴的认可。如果孩子从学习中只能得到低频率反馈,而从游戏中可以获得高频率反馈,那么孩子一定会对游戏更感兴趣。各位家长可以审视一下自己给予孩子的反馈频率,及时做出调整。例如,我们可以每天看一看孩子的作业,帮助孩子总结他在学习中表现良好的地方,给予肯定;找到孩子在学习中不擅长的地方,给予指导或鼓励。

第五,引发内部动机。

动机可分为外部动机和内部动机。外部动机指为了某些外在结果而从事某项活动的动机。内部动机指个体对所从事的活动本身有兴趣而产生的动机。只有当孩子发自内心地想去做一件事情时，孩子才更容易获得福流的体验，所以我们要激发孩子的内部动机。激发内部动机的步骤如下：首先，在外部动机的激励刺激下进行尝试。一开始就让孩子对某件事情产生内部动机比较难，我们可以先给予孩子一些外部动机，比如奖励或者称赞，促使孩子完成一些事情。例如，对于孩子进行跑步锻炼这件事，我们可以将其分享到朋友圈，获得大家的点赞，也可以在孩子完成跑步目标后买一些运动装备奖励他，激励他继续跑下去。其次，对在尝试过程中获得的针对性技能和进步给予积极反馈。比如在孩子的学习过程中，我们可以对孩子获得的技能和每一次的进步给予鼓励和认可，调动孩子的积极情绪。最后，帮助孩子找到活动或任务本身的乐趣和意义，培养内在动机。乐趣来源于积极的反馈和对任务的掌控感，意义可以由我们和孩子共同探索。比如在孩子坚持背单词一个月后，我们可以夸赞孩子的坚持和在英语学科上的进步，然后跟孩子一起探讨学习英语的益处，从而找到学习英语的乐趣和意义。需要注意的是，如果孩子本身已经对某一活动产生内部动机，我们就不需要再用外部动机去激励孩子更好地完成这项活动了。这一做法符合德西效应。德西效应是指在某些情况下，人们在外在报酬和内在报酬兼得的时候，不但不会增强工作动机，反而会减低工作动机。这表明，一个人进行一项愉快的活动时，如果给他提供奖励，结果反而会减少这项活动对他内在的吸引力。

第六，从优势出发。

唐纳德·克里夫顿的研究表明：当一个人的优势被他人关注时，其投入度会显著提高;相反,当权威人士关注这个人的缺点时,这个人无法投入当前任务的概率会增加27%。对孩子而言,父母和老师可能就是权威人士,当父母和老师不断地关注孩子的缺点和问题,每天把孩子的缺点拿出来反复批评,孩子就无法沉浸在当前的任务中。

我们要从孩子的优势出发,并把优势迁移到其他事情上。给大家分享一个案例:小明平时学习很刻苦,但是做题速度慢,总是无法按时完成答卷,这让他痛苦不已。通过交谈,妈妈了解到小明是一个十分谨慎的孩子,所以他在做题的时候每一题都做得十分细致,导致他使用了过多的时间。了解到这一点后,妈妈告诉他,谨慎不仅要体现在做每一道题上,也应该体现到在安排做题的时间上。而后,妈妈咨询老师,给孩子推荐了安排答题时间的方法,让孩子去尝试。在之后的考试中,小明将谨慎这个优点迁移到了对时间的安排上,果然,此后他的成绩在不断提升。大家可以思考一下,针对小明做题慢的问题,如果妈妈每天把这些话挂在嘴上:“你就不能写字快点吗?你做题这么慢是不是因为什么都不会?你是一个拖拉、磨蹭的孩子。”小明的成绩会提升吗?答案一定是否定的。小明会感到苦恼,并且认为自己就是一个磨蹭的孩子。

第七,培养兴趣爱好。

小学阶段的孩子对周围事物充满了好奇,青春期孩子喜欢追求刺激,他们的神经活动的特点是兴奋过程远远强于抑制过程,所以他们不可能像成年人一样完全静下心来做一件事情,这个时候家长就需要帮助孩子培养一些兴趣爱好,让孩子在这个过程中逐渐学会集中注意力。有些家长会有疑问——我应该培养孩子在哪些方面的兴趣爱好呢？兴趣爱好可以是体育运动方面的，比如乒乓球、排球、羽毛球、溜冰、游泳等，这些运动有胜负、要竞争，娱乐性也比较强。兴趣爱好可以是文娱活动方面的，比如看电影、听音乐、郊游等，这些活动轻松自在，有利于休息和精神调剂，深受孩子喜爱。兴趣爱好也可以是书刊方面的，最受孩子欢迎的是侦探小说、故事小说、青年刊物和科学幻想类书籍。我们也可以培养孩子在课外学习活动方面的兴趣爱好，比如科技活动、书法、剪裁等。

父母课堂

激发福流体验的方法：①有明确的目标。②有清晰的规则。③挑战与技能（能力）相匹配，提高控制感。④及时反馈。⑤引发内部动机。⑥从优势出发。⑦培养兴趣爱好。

积极发展

　　积极发展旨在让家长了解孩子在各个年龄段生理、认知和心理不断发展和变化的特点,并积极满足其相应的需求。

　　作为父母的核心任务,就是满足孩子在各个年龄段生理、认知和心理不断发展和变化的需求。生理发展包括身体和脑的发育、感觉能力、运动技能和健康状况等;认知发展包括学习、记忆、语言、注意力、思维、推理和创造性等;心理社会发展包括情绪、人格、社会交往等。

　　影响个体发展的两个重要因素是遗传和环境。遗传决定了个体发展的可能性。例如,父母中有一方为抑郁症,那么孩子有抑郁倾向的可能性更大;父母在音乐方面很擅长,孩子则可能更具有音乐天分。环境为个体的发展提供了现实条件,将可能性变为现实。例如,孩子在绘画上具有天分,我们可以在生活中多培养孩子的绘画技能。

　　本章主要介绍个体在婴幼儿时期、童年时期和青少年时期的发展。

婴幼儿时期的发展

0-3 岁为婴幼儿时期。

婴幼儿在生理方面的发展如下。

第一,所有感知和身体系统开始不同程度地发挥作用。比如孩子的听力和视力都在快速发展。

第二,大脑发育逐渐复杂化,极易受环境影响。

第三,生理发育和运动技能迅速发展。孩子从抬头、翻身、坐、爬,发展到站立,再发展到行走等。

婴幼儿在认知方面的发展如下。

第一,出生后几周就显示出学习和记忆能力。

第二,在第二年后期发展出使用符号和解决问题的能力。

第三,语言理解和使用能力迅速发展。在 6 个月之前,孩子只能发出个别音节,1~2 岁开始使用一些叠词,2~3 岁可以说出词组和句子。

婴幼儿在心理社会方面的发展如下。

第一,对父母或其他人的依恋开始形成。从出生开始,孩子急需通过对一个人的依恋来获得安全感。根据埃里克森的心理发展阶段理论,0~18 个月是安全感形成的重要阶段,此阶段的发展任务是获得信任感、克服不信任感。也就是说,如果孩子身边有一个固定的且可以形成亲密关系的人,孩子就能发展出信任感,孩子认为照料者是值得信任的,从而认为外部环境也是可以信任的。如果孩子身边没有可以通过依恋形成亲密关系的人,孩子就会产生不信任感,孩子既不信任照料者也不信任周围环境。很多家长因为工作繁忙,从小把孩子交给爷爷奶奶照料,等到孩子上小学时再把孩子接到身边亲自照顾,这个时候家长发现孩子不听自己的话,这是因为家长与孩子没有建立良好的依恋关系。在婴幼儿时期,家长要给予孩子无条件的爱,帮助孩子建立信任感,与孩子形成依恋关系。

第二,自我意识发展,从依赖向自主转变。在18个月以前,孩子做任何事情都会依赖父母。18个月之后,孩子更倾向自己去做一些事情,开始从依赖向自主转变,自主转变的信号是孩子经常说"不"。

第三,对其他儿童的兴趣增加。孩子会观看其他小朋友玩耍或加入他们。

婴幼儿时期的发展教养建议包括以下几方面。

第一,提供感觉刺激。

第二,提供自由玩耍探索的学习空间。比如当孩子会爬之后,我们不要再把他局限于婴儿床或婴儿车中,我们要提供更大的空间,供孩子玩耍。

第三,对婴幼儿的行为 / 需求给予积极回应。当孩子哭泣的时候或做出一些"捣乱"行为的时候,我们要多给予孩子积极的回应,比如拥抱、抚摸、亲吻。

第四,多进行亲子互动,以积极的态度对待孩子、给予孩子温暖的接纳和情感支持。

第五,提供学习基本技能的机会。从24个月或30个月开始,我们要刻意培养孩子的一些技能，比如自己上厕所、自己吃饭。如果我们包办了孩子的各项事务，可能会造成孩子责任感的缺失，责任感缺失会导致孩子在学习上的拖拉，因为孩子觉得学习不是自己应该做的事情。

第六，用柔和、关怀的语气对婴幼儿朗读，声音要稍大一些，要多讲故事，这可以促进孩子语言的发展、大脑的发育等。

童年时期的发展

童年时期分为童年早期和童年中期。

3-6 岁为童年早期。

童年早期儿童在生理方面的发展如下。

第一，发展相对稳定，外形变得修长，比例更像成年人。

第二，食欲减小，睡眠问题比较常见。孩子普遍睡觉比较晚，造成这一现象的原因可能是分离焦虑，也可能是恐惧。

第三，利手出现，获得精细和粗略动作技能，体力增加。利手就是我们日常所说的左撇子或右撇子，我们不能强制孩子使用左手或右手，要遵从孩子本身的发展规律。

童年早期儿童在认知方面的发展如下。

第一，思维多少带有自我中心，但逐渐能理解他人的观念。自我中心是指儿童在思考问题时总是以自己的角度为出发点，孩子觉得自己看到的就是大家看到的、自己认为的就是大家认为的。慢慢地，孩子逐渐学会从他人的观点看问题,发现不同人对同一件事情的看法不同。

第二,认知成熟使其对世界的认知更有逻辑性。

第三,记忆和语言能力提高,智力变得可以预测。

第四,普遍具有学前经验,尤其是幼儿园经验。

童年早期儿童在心理社会方面的发展如下。

第一,对自我概念和情绪理解更加复杂,整体自尊得到提高。例如,如果父母经常夸孩子懂事,孩子对自我的理解就是"我是一个懂事的孩子"。3~6岁的孩子会表达各种情绪,用情绪控制家长,比如用大哭大闹来换取玩具。此阶段孩子的自尊水平会提高,一是因为孩子能力的提高给孩子带来了很多自信;二是因为外界对孩子的大部分评价都是积极的,孩子当下的压力并不大,父母对孩子也没有太高的期待。

第二,独立性、自控性得到提高。孩子在童年早期越来越独立,开始具有一定的自控力。斯坦福大学曾做过一个关于自控力的实验,研究者让一些小孩子单独待在一个房间里,房间里有一颗棉花糖,此时孩子面临两种选择,一种是马上吃掉棉花糖,另一种是等待15分钟后可以获得两颗棉花糖。在对这些孩子的追踪调查中发现,当初那些能够抵御诱惑、坚持等待的孩子在未来的事业中更成功。

第三,性别认同得到发展。孩子在四五岁时有了基本的性别意识,知道自己是男生还是女生。

第四,游戏更富想象力,更复杂精巧,通常更具社会性。孩子会玩一些假想性的社会游戏,比如过家家。

第五,利他主义、攻击性和恐惧感更普遍。在利他主义方面,孩子由独占转变为更愿意去分享。在攻击性方面,孩子的攻击性行为比较频繁,主要表现为争抢玩具,或破坏玩具和物品。孩子的恐惧感也相对更普通,会惧怕许多东西,比如怕黑、怕动物。

第六,家庭仍然是儿童社会生活的焦点,但同伴也变得更重要。

童年早期的发展教养建议包括以下几方面。

第一,以儿童为中心。教育部规定,"幼儿园不得教授小学阶段的教育内容,不得开展违背学前儿童身心发展规律的活动"。3~6岁孩子的天性就是玩儿,在幼儿园中的学习也是以玩儿为主。我们要尊重孩子在这个年龄阶段的发展特点,根据发展特点进行教学。很多家长因害怕孩子落后于他人跟风给孩子报各种早教班,没有给予孩子足够玩耍的时间。但我想说的是,我们不要害怕孩子暂时的"落后",只要孩子的智力没有问题,能够保持对学习的兴趣与好奇心,孩子在未来的学习中不会出现我们担忧的各种问题,但前提是我们不能压制孩子的天性。

第二,创造孩子感兴趣的游戏活动。孩子对什么活动感兴趣,我们就要尽量多创造与此类活动相关的环境。

第三,多与孩子互动,谈论共享经验。在孩子玩耍之后,父母可以问一些问题,比如"你今天玩得怎么样?""你今天在玩耍过程中遇到了一些困难,你是怎么克服的?""你觉得玩这个游戏有什么技巧吗?"

第四,在良好的亲子关系背景下,可以运用正强化和适当的惩罚手段。正强化是指在个体在做出某种反应之后,给予一个愉快刺激,从而提高类似行为出现的概率。例如,当孩子表现出我们期望的行为后,我们可以给予言语奖励或一些奖品,促使孩子更愿意做出此类行为。惩罚是指给予个体厌恶刺激,惩罚要适当。例如,孩子写作业不认真,罚他抄100遍错题,这样的惩罚就是不适当的,孩子也很难做到。孩子因为粗心做错了题,那就罚抄5遍,这样的惩罚是比较合理和适当的。

第五,发展带着爱且不妥协的权威型教养风格。在上文中我提到3~6岁的孩子是以自我为中心的,他们会通过操纵父母得到自己想要的东西。例如,当孩子发现父母不能满足自己的要求时,孩子就会大哭或打滚,只有父母满足孩子,他们才会停止做出此类行为,但这样会助长孩子养成任性的性格,所以父母要发展带着爱且不妥协的权威型教养风格。在权威型教养风格下,父母对孩子的行为不是一味地纵容,而是对孩子有合理的要求,父母会跟孩子协商并制定规则,在意见有分歧的时候,父母能通过自身的榜样力量来强化对孩子的要求并最终能够达成一致做出决定。

第六,促进利他主义。父母要引导孩子多去分享、多去帮助他人。

第七,约束攻击行为。父母要告诉孩子哪些行为是不可以做的,不要放任孩子攻击性的行为。

第八,应对常见恐惧。应对常见恐惧的方法:陪孩子直面恐惧、体验恐惧；多鼓励孩子、呵护孩子，提升孩子的安全感。

6-11岁为童年中期。

童年中期儿童在生理方面的发展如下。

第一，发育变缓。童年中期儿童生理上生长和发育不像早期那么迅速了，其最大特点是变化不明显，多数儿童的发展是相对平缓的。

第二，体力和运动技能有所提高。

第三，呼吸系统的疾病经常发生，但总体健康状况好于一生中任何时期。

童年中期儿童在认知方面的发展如下。

第一，去自我中心化，开始具有逻辑思维，但仍具体化。例如，给儿童呈现两个相同的杯子，杯中装有等量的水，研究者将其中一杯水倒入一只较高、较细的杯子中，然后询问儿童两杯水是否一样多。结果发现，3~6岁的儿童会说高杯子中的水多，这说明他们还不具有逻辑思维；6~11岁的儿童会回答两杯水一样多，这说明他们开始具有逻辑思维。童年中期儿童的逻辑思维是具体化的，即儿童的思维仍需要具体事物的支持。

第二，记忆和语言能力提高。

第三，认知能力提升，儿童可从正式的学校教育中收益，但一些儿童表现出对特殊教育的需求和优势。例如，少数儿童在此阶段会出现阅读障碍、注意缺陷多动障碍等，需要对他们进行特殊教育。还有一些儿童的智力超常，在某一方面上表现出优势，我们应给予重视，进行与其智力水平相适应的教育。

童年中期儿童在心理社会方面的发展如下。

第一，自我概念变得更加复杂，进而影响自尊。升入小学后，一些孩子的自尊水平会提升，他们在生活适应、学习等方面表现良好，能力优秀，自信心增强，自尊水平提升。一些孩子的自尊水平会降低，他们进入小学后所面临的任务增加了，父母对他们的期待也提高了，当孩子面临更多任务和更高期待的时候，孩子会怀疑自己做得不够好，进而使自尊水平降低。

第二，共同约束反映了父母对儿童控制方式的一种转变。习惯养成的最好时期是小学低年级，孩子年龄越大越不容易养成习惯，因为高年级孩子会选择性地听父母的话，如果他们认为父母的观点不对，他们就会反抗。因此，父母要从单方面约束孩子转变为与孩子共同约束，多与孩子进行沟通和协商。

第三，同伴占据核心地位。同伴变得越来越重要，儿童对友谊的互动性有了一定的了解。在此阶段的同伴交往多为同质交往，即和自己相似的人交往，简单地表现为男孩和男孩交往，女孩和女孩交往。

童年中期的发展教养建议包括以下几方面。

第一，保证孩子有合理的营养和充足的睡眠及运动量，避免意外伤害。例如，肥胖问题是存在于孩子中的一个普遍问题，造成肥胖的原因之一是基因遗传，但更主要的原因是后天不良的饮食习惯和运动习惯。小学时期，尤其低年级时期，是预防和治疗肥胖的最佳时间段。我们只要保证孩子有合理的运动量和饮食，让孩子养成健康运动和饮食的习惯,即使是基因遗传造成的肥胖,也比较容易被治疗。

第二,提升孩子的自我效能感。在小学阶段,自尊和自我效能感都非常重要,我们一定要提升孩子的自尊水平和自我效能感。多看到孩子的优点,多鼓励孩子。

第三,父母对孩子的学习成绩要有正确的态度。在孩子小学阶段,父母不能只把孩子的学习成绩放在第一位,更要注重孩子的身心发展,让孩子有玩和运动的时间。

第四,培养孩子学习习惯及学习方法。

第五,共同约束,共享控制权。

第六,避免同伴欺凌问题。

第七,培养孩子的韧性。因为将来进入中学后,孩子的学业压力、交友压力和竞争压力会非常大,所以在小学阶段要多培养孩子的抗挫能力,以便让孩子更顺利地度过中学阶段。

第八,应对孩子常见的情绪障碍。父母首先要以身作则,调整好自己的情绪,为孩子树立榜样。其次,在孩子遇到一些问题的时候,父母要多跟孩子沟通,教给孩子一些调整情绪的方法。

青少年时期的发展

12-18岁为青少年时期(青春期)。

青少年时期在生理方面的发展如下。

第一,生理发育迅速。

第二，生殖系统逐渐成熟。

第三，健康威胁主要来自行为问题，比如进食障碍和药物滥用等。

青少年时期在认知方面的发展如下。

第一，发展出抽象思维能力。在上文中我们提到，当把相同容量的水倒入不同形状的杯子中时，童年早期儿童不能分辨两只杯子中的水是否一样多，而童年中期儿童可以分辨，前提是这两杯水摆在他们眼前。但对于青少年来说，当具体事物不在眼前时，他们依旧可以通过描述和想象去进行思考，这说明他们已经发展出抽象思维能力。

第二，批判思维能力开始发展。青少年对很多事物有了自己的看法和理解，他们会思考父母和老师的话是否有道理，开始质疑权威。

第三，记忆力进入高峰期。青少年记忆力快速发展的原因主要有两个：一是大脑前额叶在此阶段逐步发育；二是理解记忆成为青少年的主要记忆手段，他们不再像小学时期一样死记硬背，而是在对事物内在规律理解的基础上进行记忆。

第四，元认知能力提高。元认知就是对自己认知过程的认知。青少年会自主思考应该制定什么样的目标、实现目标的计划是什么、应该如何行动，最后进行总结与反思。虽然青少年的元认知能力提高了，但不代表他们能执行好自己的计划，因为青少年的自控能力比较差，与自控力有关的大脑前额叶在22岁左右才发育成熟。

青少年时期在心理社会方面的发展如下。

第一，寻求自我同一性。自我同一性指个体组织自己的动机、能力、信仰及其活动经验而形成的有关自我的一致性形象。简单来说，就是一个人对"我是谁""我的未来是什么样子的""什么才是最重要的"等问题有连贯统一的认识。

"我是谁"指自我认识，包括自己对自己的评价以及自尊心水平。孩子会思考几个问题：真实的我是什么样子的？别人眼中（父母、老师、同学）的我是什么样子的？他们对我有什么样的评价？例如，有些孩子会说自己的性格具有两面性，有时候很外向，有时候很内向，到底哪个是真实的自己？还有一些孩子会有这样的疑问：为什么我在家里的样子跟在外面的样子不同？这就涉及了"我是谁"的问题。自我概念或自我认识决定了自尊水平，自我认识越好，自尊水平就越高，学业成绩、同伴交往、情绪控制也就越好。如果孩子对自己的认识比较消极，自尊水平也会随之降低，孩子觉得自己什么都做不好，觉得努力是没有用的，最后他便不再付出努力。

"我的未来是什么样子的"主要指职业探索。小学阶段和青春期的职业探索有什么不同？例如，小学生看到宇航员之后会说自己长大要当宇航员，并相信自己能成为宇航员，这就是小学生的职业同一性。中学生对职业的探索比较现实和具体，假如一个孩子想成为刑警，他会思考刑警到底是一个什么样的职业以及怎样才能成为刑警。如果一个孩子在职业上是迷茫的，他便很难有学习的主动性。

"什么才是最重要的"主要指价值观，包括金钱观、消费观、交友观、学习观等。青少年时期是一个人价值观形成的重要时期。两年前我辅导过一个从初中辍学上技校的孩子，孩子说中学时他跟九个同学拜了把子,过年后这十个孩子中有六个去了技校,这个孩子认为自己不去就是不讲义气,这就是孩子受到了错误的价值观的影响。

加拿大的研究者玛西亚认为同一性有四种状态:同一性扩散、同一性早期封闭、同一性延缓和同一性完成。同一性扩散指青少年既没有对各种选择进行探索,也没有做出投入。他们缺乏清晰的方向,没有明确的目标和价值观。同一性早期封闭指青少年做出了自我投入,但没有进行探索,他们的人生常常由父母做出决定。例如,父母希望孩子当医生,孩子就决定长大后当医生。同一性延缓指青少年已经开始进行探索,但是仍未做出承诺,没有付出行动。例如,孩子的某种动力被唤醒,开始对一些事物感兴趣,但孩子还没有对特定目标做出承诺和积极投入。同一性完成指青少年已经进行了探索,并且长期持续地进行积极投入。例如,一个人的目标是进入名校学习心理学,那么他在中学时期便会努力学习,为自己的目标而奋斗。

青少年在探索同一性的过程中会出现同一性危机,表现为角色混乱,即指青少年在寻求自我同一性过程中出现的同一性失败的现象。对自我缺乏清晰的同一感,不清楚或回避考虑个人品质、努力目标所扮演的角色,以及价值观等,甚至无法"发现自己"。当孩子开始探索并完成探索,最终做出承诺并付出行动的时候,同一性危机就解除了。解决同一性危机有以下几种方法:提升孩子的自尊,帮助孩子建立积极的自我认识;父母要给孩子树立正确的榜样影响;帮助孩子进行职业探索,通过生涯规划促进学业规划。

第二,重新变为自我中心主义。个体的第一次自我中心出现在童年早期,他们寻求行为独立,表现为"我要做……,我不做……";第二次自我中心在青春期,他们寻求权利平等、人权独立、空间独立等。我把青春期称为童年早期的回炉期,青春期孩子的很多表现与童年早期孩子很相似,比如变得任性、想按照自己的意愿做一些事情、希望父母支持他们的某些行为。如果孩子在童年早期没有得到好的教养,那么他们的问题会在青春期暴露得更加严重,青春期问题会更难解决,对孩子的教养也更有难度,所以父母一定要有耐心、有信心。

第三,亲子关系容易紧张。父母不能倾听孩子的心声是造成亲子关系紧张的原因之一。孩子不想总被父母控制,孩子希望父母能倾听他们内心真正的声音。那么青少年想要拥有什么样的父母呢?下面是一些青少年所说的话:"对我们和我们所做的事情感兴趣""能倾听我们的心声""给我们很多的爱""永远支持我们""接受我们是自己,而不是他们期望成为的样子""相信我们""不要把我们当成小孩子""有时间和我们在一起"……由此,我总结出好父母应该具有如下特质:对孩子表现出爱和关心,给孩子私密的空间和一定程度上的自由,并为孩子的行为设定规则和标准。换言之,青春期教养的三个关键是联结、心理自主性和规则。联结是指一定要让孩子感受到父母对他的关心,父母不只关心孩子的学业,还要关心孩子所有的兴趣爱好。心理自主性是指给孩子一定的空间。规则是指一定要给孩子设定规则和标准,这样孩子才能知道底线在哪里。

第四,同伴群体发挥积极或消极的影响。同伴交往的积极影响包括以下几方面:首先,同伴是获得情感、同理心、理解和道德指引的来源。其次,同伴是自由实践的场所。再次,同伴是脱离父母实现自主的后盾。最后,同伴可以帮助孩子建立自己的亲密关系,提前演习未来成人的亲密关系相处模式。同伴交往也有消极影响,比如欺凌、孤独和问题行为等。

青少年在心理社会发展方面主要存在五个矛盾。第一个矛盾是依赖和独立的矛盾。孩子非常想独立,但发现自己不具备很多能力,还需要依赖父母。第二个矛盾是成熟和幼稚的矛盾。孩子通过生理上的发育感受到了自己的成人感,但他们在心智上还不够成熟,常常被外界评价为幼稚。第三个矛盾是幻想和现实的矛盾。孩子在青春期特别容易幻想,幻想自己未来要成为什么样的人,幻想自己未来要从事什么样的职业,但现实条件并不都能满足孩子的幻想,所以孩子常常陷入手机中的游戏世界或者网络小说世界,以此来逃避现实生活的压力,由此找到理想状态。第四个矛盾是冲动和自制的矛盾。青春期孩子荷尔蒙分泌旺盛,情绪暴躁,容易冲动,其实孩子能觉察到自己的行为,他们并不想冲动、也不想吵架,只是无法控制自己,当孩子做出冲动行为后,孩子也会自责和愧疚。第五个矛盾是闭锁和开放的矛盾。孩子在青春期会经历一个闭锁阶段,孩子有了自己的秘密,开始注重隐私,比如孩子进入自己的房间后会关门或锁门,孩子心情不好时不与父母诉说。闭锁有积极的一面,也有消极的一面,积极的一面是指孩子开始有时间反思自己的做法、行为和语言;消极的一面是指当孩子遇到一些事情时无人倾诉,只能自己承担,当自己无法承担时,便开始逃避。同时,孩子也希望能与其他人进行开放性的沟通和交流,但前提是这个人是安全的、是值得信任的。

青少年时期的发展教养建议包括以下几方面。

第一,关注睡眠,增加运动。青春期孩子的睡眠被称为"猫头鹰"式的睡眠,即晚睡晚起。为解决这一问题,首先我们可以先改变孩子的认知,帮助孩子了解到睡眠的重要性;其次,睡前不要让孩子使用手机、电脑等电子设备,可以让孩子做一些其他事情,比如运动;最后,跟孩子商定睡眠时间。

第二,理解并接纳孩子的冲动和不成熟的行为。

第三,培养孩子的时间管理能力。

第四,让孩子接触生涯规划。通过测评等发现孩子的职业兴趣和优势,让孩子清楚自己的性格和能力所匹配的职业方向和专业方向,当孩子对目标有了清晰的了解后,孩子就会更有动力去学习。

第五,放权,给予孩子空间和支持。给孩子足够的信任,相信孩子能够把事情处理好,如果孩子需要帮助,告诉孩子爸爸妈妈随时都在,但什么时候需要帮助,由孩子来决定。给孩子自己可以掌控的空间和时间,比如孩子在自己房间的时候,不要去总去打扰孩子。

第六,学会主动撤出冲突。改变孩子的想法或说服孩子是有难度的,当冲突发生后,父母要学会主动撤出冲突,否则只会使矛盾加剧。

第七,建立平等的关系,跟孩子以朋友身份相处。

1.婴幼儿时期的发展教养建议:①提供感觉刺激。②提供自由玩耍探索的学习空间。③对婴幼儿的行为／需求给予积极回应。④多进行亲子互动,以积极的态度对待孩子、给予孩子温暖的接纳和情感支持。⑤提供学习基本技能的机会。⑥用柔和、关怀的语气对婴幼儿朗读。

2.童年早期的发展教养建议:①以儿童为中心。②创造孩子感兴趣的游戏活动。③多与孩子互动,谈论共享经验。④在良好的亲子关系背景下,可以运用正强化和适当的惩罚手段。⑤发展带着爱且不妥协的权威型教养风格。⑥促进利他主义。⑦约束攻击行为。⑧应对常见恐惧。

3.童年中期的发展教养建议:①保证孩子有合理的营养和充足的睡眠及运动量,避免意外伤害。②提升孩子的自我效能感。③父母要建立对学习的正确态度。④培养学习习惯及学习方法。⑤共同约束,共享控制权。⑥避免同伴欺凌问题。⑦培养孩子的韧性。⑧应对孩子常见的情绪障碍。

4.青少年时期的发展教养建议:①关注睡眠,增加运动。②理解并接纳孩子的冲动和不成熟的行为。③培养孩子的时间管理能力。④让孩子接触生涯规划。⑤放权,给予孩子空间和支持。⑥学会主动撤出冲突。⑦建立平等的关系,跟孩子以朋友身份相处。

积极自我

> 积极自我旨在培养和提升孩子的自我认识、自尊、自爱、自我接纳、自我效能等能力。

反思和分析自我对于每个孩子的成长都有着至关重要的作用。根据美国心理学家罗杰斯的观点，对于一个人的个性和行为具有重要意义的是他的自我概念，而不是现实自我。甚至，这个自我概念直接影响着孩子现实自我的形成与发展。所以这就需要家长引导孩子去正确地认识自我、悦纳自我，同时，帮助孩子维持一个较高的自尊水平，提升其自我效能感。本章将从以上几个方面着手，分享如何帮助孩子成就积极自我。

自我认知

心理学家奥尔波特说："对自己有一个公正、客观的态度……是一种首要的品质，它是其他方面得以发展的基础。"正确的自我认知是心理健康的必要条件。如果一个人对自己的认知是消极的,他就容易在心理上出现问题,进而影响他对外界环境的适应。举个例子,记得两年前有一位妈妈说自己上初三的孩子突然想学体育,但自己不赞同。孩子为什么非要学体育? 这位妈妈说孩子认为自己没有别人聪明,靠自己的学习成绩是考不上高中的。我问:"孩子为什么会有这样的认知?"这个时候这位妈妈有了一定的反思,她说:"这都怪我,我从孩子小时候起就常说孩子笨,说他没有别人聪明。"妈妈的消极评价影响了孩子对自我的认知,使孩子的自我认知越来越消极,进而影响了学习与生活。

对100万高中生进行的调查研究发现,70%的学生认为自己的领导能力处于中上水平,60%的学生认为自己的运动能力处于中上水平,85%的学生认为自己的交往能力处于中上水平。这说明人们普遍存在"自我提升偏差",即大多数人都认为自己比真实的样子要好。拿当下许多直播软件和拍照软件来讲,这些软件大多都自带滤镜功能,很多人用美颜软件拍照后还需要从中再次精挑细选去发朋友圈。这些改变个人形象的方式正说明了人们天生需要"积极自我"认知,人们更喜欢自我感受是自豪的而非羞耻的,这是一种普遍需要,在所有文化里都会出现。

如果一个人对自己有积极的自我认知,他就会具有积极的自我观念以及很高的个人控制感,我们通常称之为自制力或自控力。当一个人自我评价越高时,表现得越主动,个人控制感也会越高。一个自我观念较好的人,同时也会希望他人能够持续地看到自己的优异表现,并更加严格地自我管理。此外,具有积极自我认知的人能积极地看待未来,具有主观幸福感,有能力形成和维持良好的人际关系,有能力参与建设性、有意义的工作,有能力成功应对生活的挑战,同时身体会更健康。

在所有文化里,人们都更喜欢积极的自我认知,但不同文化仍有一些差异。首先,不同文化的价值观不同。东方崇尚集体主义文化,强调"和谐"与"一致性";西方崇尚个人主义文化,重视"个体价值",尊重"个体差异"。比如我们看到西方很多以超级英雄为主题的电影尤其强调个人力量,以一己之力拯救世界的剧情频出;再如我们对西方教育的印象一般是素质教育或兴趣教育,他们十分注重孩子之间的个体差异,不会将考试成绩作为衡量孩子优势的唯一尺杆,在这样的环境下每个孩子都可以各自发挥自己的特长,少了"千军万马过独木桥"的压力,但不得不说的是,我国的教育制度相对而言更加公平。其次,不同文化重视的特质品质不同。比如东方重视"谦逊",西方重视"独创性"与"自立"。东方人普遍有如下观点:过分地谈论个人的成就是不礼貌的,即使他们真的很杰出,虽然自己心里明白自己有这些优点,也依然很难向他人透露自己的优势。由此可见,我们更需要建立"积极自我认知",但在生活中,很多家长的教育方式都以教训孩子为主,即通过自己的语言让孩子感觉到羞耻、自责和内疚,让孩子通过"长教训"而改变行为,而这样的方法导致的结果不但事与愿违,而且对孩子的心理健康无疑是雪上加霜的。

影响自我认知的三大要素。

影响自我认知的三大要素是能力感、自主感和关爱感,这三感也是三大基本心理需求。

通俗来讲,能力感是指我觉得我有能力完成某件事情。换句话说,一个人有没有能力感不取决于他到底有没有能力,而取决于他认为自己有没有能力。能力感缺失的人缺乏自信,不敢主动尝试和争取;能力感充足的人敢于跳出舒适区,提升自己的能力。举个例子,小红和小明是非常优秀的学生,不仅学业优秀,其他方面也很优秀。全市准备进行五四评优活动,班主任找到小明和小红,准备让他们代表学校参与五四评优。小明回到家后跟妈妈说:"老师推荐我代表学校参与五四评优,接下来我一定要努力准备,一定争取评选上。"小红对妈妈说:"今天老师推荐我代表学校参与五四评优,我觉得太难了,竞争太激烈了,我觉得我一定评选不上,但是我也不知道该怎么跟老师说。"大家觉得这两个孩子的能力和能力感谁高谁低? 通过描述,我们发现这两个孩子的能力相当,但小明的能力感高,小红的能力感低。能力感低的人常常有这样的想法:"我不行""我做不到""我没有做好,太差了""那么多人都比我强,我真的太弱了"。造成一个人能力感低的原因可能是他的优秀表现没有得到父母及时的反馈。比如孩子很高兴地跟父母说自己考试得了100分,父母表示知道并让孩子去写作业。长此以往,孩子会觉得自己不够优秀,能力感降低。

自主感是指我是自愿的、发自内心的去做某件事情,我能自己决定去做某件事情。自主感缺失的人处于内耗的状态,不相信自己的判断;自主感充足的人更自信,愿意去挑战困难的任务。如果父母对孩子的要求比较多,父母总希望孩子按照他们的想法去做事情,孩子的自主感就会比较弱。自主感弱的孩子容易形成依赖心理,具体表现为责任心不强、情绪较负面、主动性差。作为父母,我们要尊重孩子是一个独立的个体,给予孩子发展能力的空间,提升孩子的自主感。

关爱感是指我觉得做某件事情可以得到别人的支持,关爱感的本质是一种稳定可靠的链接感。关爱感最早源于婴儿时期获得的稳定关注和回应,即婴儿时期是否建立了良好的依恋关系。关爱感的作用是帮助个体准确定位自我,使个体愿意相信别人,并建立长期稳定的关系。在生活中,我们发现有些人不知道如何跟别人相处,身边没有要好的朋友;有些人就算交到了好朋友,但他们的友谊维持时间比较短;有些人很想维持一段好的关系,但他的某些言行会让对方感到不舒服。从表面来看,这可能是因为他们的同伴交往能力比较差,但究其深层次的原因,可能是他们的关爱感比较低。举个例子,一个女孩开了一家店铺,收入不错,经济独立,她跟同样事业有成的男朋友是异地恋,他们两个人的感情非常好。到了谈婚论嫁的时候,男孩希望女孩能来到自己所在的城市,女孩并未同意此事,最终选择了分手。分手之后女孩也很痛苦,但再三思考,女孩还是放弃了。后来,我们了解到女孩放弃的原因是内心没有安全感。同样地,我们可以猜想男孩放弃的原因可能也是缺乏安全感。如果一个孩子小时候在原生家庭中获得的关爱感比较少,那么他长大后很可能在亲密关系的构建中选择逃离或放弃。作为父母,我们要给予孩子足够的关注,全身心投入陪伴孩子,满足孩子对于关爱感的需求。

自尊

自尊指一个人对自身价值的总体判断,反映个体的自我接纳、自我喜爱与自我尊重的程度。自尊的两大核心要素是能力感和价值感。上文已经详细讲解了能力感,此处不再赘述。价值感是指孩子觉得自己在父母心中可不可爱,自己是否被别人喜欢。价值感低的人常常有这样的想法:"我做得再好,我对自己也不满意""我还有那么多事没做好,我哪有资格高兴""这个世界有没有我无所谓"。

纳撒尼尔·布兰登曾说:"我们在生命里所做过的所有判断中,最重要的判断莫过于我们对自己的判断了。"下面,我们就从不同的维度讲讲自尊的分类,各位家长可以根据自己或孩子的外在表现简单判断和分析自己或孩子的自尊水平或自尊类型。

自尊的分类。

自尊可以分为高自尊和低自尊。

高自尊者终生在个人、社会、教育和职业方面适应良好,积极情感多,个人自主性强,具有双性化人格,属于内控型,自我认识清晰,目标设置恰当,履行个人承诺,成就高,善于应对批评或负面反馈,能有效地管理压力,较少批评自己和批评他人,有能力、有技巧地影响他人,行事符合公认的道德标准,能被他人接纳和认可;低自尊者在个人、社会、教育和职业方面适应不良,有这样那样的心理健康问题,比如压抑、焦虑、进食障碍、很难建立和维持稳定的感情,压力管理表现差,压力之下免疫系统功能失调,有自杀的可能。高自尊者主要关注自我提升,寻找各种机会做到卓越,在实验室任务中得到负面反馈时,他们倾向于一直坚持到成功为止;低自尊者主要关注自我保护和避免失败、羞辱和拒绝,在实验室任务中得到负面反馈时,他们会坚持一会儿,仍然失败就会放弃。高自尊者关注自己的优势,寻找机会发挥优势做到杰出,最终提升自我;低自尊者关注自己的缺点并加以纠正,以做到胜任、避免失败。

班德拉和彼得森有一个共同的观点,认为大多数情绪和行为问题的深层原因来自低自尊。哪些因素会影响自尊的发展呢?如果父母既能接受孩子的长处,又能接受孩子的短处,为孩子设置很高但可以达到的清晰标准,支持孩子努力达到这些标准,那么孩子就可以发展出高自尊。带着爱且不妥协的权威型教养方式的父母会给予孩子温暖和尊重,让孩子参与制定行为规则。相比之下,如果父母对待孩子比较随意、比较放纵或者过分权威,经常拒绝或辱骂孩子,那么孩子就会发展成低自尊。父母的身教也会影响孩子自尊的发展,身教远大于言传。如果父母通过积极解决问题来应对人生挑战,那么孩子更有可能在耳濡目染下形成高自尊。相比之下,如果父母遇到问题就逃避,那么孩子更有可能在耳濡目染下形成低自尊。影响自尊发展的还有更广的社会因素,比如社会地位和成就。若一个人的社会地位比较高、有成就,他的自尊水平也就相对比较高。相反,若一个人的社会地位比较低、没有成就,他就容易形成低自尊。

自尊也可以分为依赖性自尊、独立性自尊和无条件自尊。

这三种自尊在能力感和价值感上的不同之处如表6-1所示。依赖性自尊的能力感是与别人相比的,即自己是否比别人优秀;依赖性自尊的价值感由别人决定,即别人认为自己有没有价值,别人喜不喜欢自己。独立性自尊的能力感是自我比较的,即自己是否比之前有进步;独立性自尊的价值感由自我决定,即别人说什么不重要,自己认为自己优秀就好。无条件自尊的能力感不需要同他人比较,也不需要同自己比较,而是处于一种自然状态中,既与他人相互依存,又怡然自得;无条件自尊的价值感是无条件的,即自己的价值感不取决于他人的评价,也不取决于自己的评价。无条件自尊的人具有充分的自信,不需要任何评价。

表6-1 依赖性自尊、独立性自尊和无条件自尊在能力感和价值感上的不同

自尊类型	能力感	价值感
依赖性自尊	与别人相比	由别人决定
独立性自尊	自我比较	自我决定
无条件自尊	互相依存	无条件

自尊还可以分为稳定的高自尊、不稳定的高自尊、稳定的低自尊、不稳定的低自尊。

具有稳定的高自尊的人表面和内心都坚信自己有价值,对自己的评价是积极的,他们既不受外界影响,也不受自己失败经历的影响,他们会直面或正视问题。虽然某项任务很难,但他们相信自己通过努力能去完成它。如果他们认为别人的观点是正确的,则会表示认同;如果他们认为别人的观点不正确,也会在倾听完之后做出正确的回应。不稳定的高自尊有时候类似无条件自尊,有时候类似低自尊,具有不

稳定的高自尊的人表面相信自己的价值,但内心深处有些动摇,他们会推卸问题或把问题投射到他人身上。具有稳定的低自尊的人表面和内心深处都认为自己没有价值,他们会认同问题。具有不稳定的低自尊的人表面不相信自己,但内心隐隐觉得自己有价值,他们一般会选择逃避问题或退缩。

接下来,通过一个案例来帮助大家更好地了解这四种自尊类型。假如有一个同事对你说:"我觉得你性格有问题,你最好改一改。"你会怎么想? 以下是四种不同自尊类型的人的想法。

A说:"哎,我早就知道我性格有问题,果然如此。"

B说:"你凭什么对我的性格指指点点,你还不先反省下自己的情商。"

C说:"喔,是吗? 很想听听你说的有没有道理?"

D说:"我是不是做错了什么? 好想逃走,不想听下去,要被同事发现我的缺点了。"

通过描述,我们发现A认为自己的性格有问题,这是在认同问题,并表现出一种防御性悲观主义,属于稳定的低自尊。B认为对方的性格有问题,在推卸问题或投射问题,属于不稳定的高自尊。C认为对方说的也许有道理,在正视问题和直面问题,有则改之无则加勉,属于稳定的高自尊。D想逃避,在回避问题,属于不稳定的低自尊。

大家可以思考一下,文学作品中的贾宝玉、林黛玉、唐僧、孙悟空、猪八戒、沙僧分别属于哪种自尊类型? 贾宝玉出身不凡、聪明灵秀,深受贾府众人的喜爱,他的能力感和价值感都很高,他属于稳定的高自尊。林黛玉才貌双全,具有极强的能力感;但她自幼体弱多病、父母双亡,从小寄人篱下,她的价值感比较低,她属于不稳定的高自尊。唐僧目标远大,不管前路是否千难万险,他都相信通过努力可以取得真经,他属于稳定的高自尊。孙悟空一身本领,能力很高;但他的出身被人看不起,学艺和在天宫任职时也被人瞧不起,他属于不稳定的高自尊。我个人认为猪八戒属于不稳定的低自尊,他个人能力比较差,遇事喜欢逃避;但他曾经的身份是天蓬元帅,职位较高,价值感也比较高。我个人倾向沙僧属于稳定的低自尊,他没有个人主见,别人说什么他都认同,别人批评他时他也都接受。

美国心理学之父威廉·詹姆斯是最早研究自尊问题的先驱,他认为一个人的自尊水平,不仅取决于他取得了多少成功,还取决于他对成功的判断标准,他提出了"自尊=成功÷自我要求"这样一个公式。认识自尊和理解自尊的最大意义就在于,让我们每个人都充分意识到:外界的声音常常只是一种参考,不能作为左右我们看待自我的关键。你想要的自尊,不应该来自外界对你的评价,而应该来自你和自己的关系。

如何培养孩子的自尊?

自尊对一个人如此重要,我们应该如何培养孩子的自尊呢? 首先,接受孩子的长处和短处。我们要多发现孩子的优势和长处,同时也要包容孩子的劣势和短处。其次,在孩子擅长的领域,为孩子设置很高但可以达到的清晰标准。我们应该为孩子设置高一点的目标,但这个目标必须是孩子踮踮脚可以够到的。再次,支持孩子达到这些标准。当孩子确定目标后,我们并不是让孩子一个人去完成,但也不能代替孩子去完成,我们要支持孩子完成目标,比如给予孩子一些言语鼓励、创造一个良好的环境、给孩子一些及时的正面反馈。另外,采取一贯的权威型教养风格,即给予孩子温暖和尊重,让孩子参与制定行为准则。最后,用主动解决问题的方式迎接人生挑战,做孩子的好榜样。

若自尊水平比较低,该如何提高? 首先,确认自己在哪些领域自尊较低。其次,在自尊较低的领域进行技能训练,其中包括问题解决技能、社交技能、学习技能或者工作相关性技能。比如一个人因为肥胖而自尊水平较低,他可以通过运动和合理的饮食去让自己越来越接近或符合自己的理想身材。再比如一个人在人际交往方面的自尊较低,他可以学习一些社交技能,逐渐尝试与人交往。

自我效能感

在日常生活中,我们经常用"自信"来描述一个人很信任自己的感觉,而在心理学的研究领域中,这种感觉被称为"自我效能",指人们对自身运用技能达成目标的自信程度。自我效能是个人如何善用所拥有的技能的一种信念,它决定了个体最初会如何行动,以及要付出多少的努力,或是在面对压力和困境时是否相信自己有足够的能力产生动机、认知资源和行动以符合某个情境的要求,然后尽力达到目标。

自我效能感与自尊有所不同。自我效能感反映了对个人能力的判断,自尊反映了对个人价值的判断;自我效能感影响具体任务的执行,自尊影响总体情绪。

自我效能感的来源主要有以下几种。

第一，成败经验。如果一个人在过去有很多成功的、有成就感的经历和经验，那么他的自我效能感就会比较高。就我个人而言，我在第一次高考失败后选择了复读，在第二次高考失败后进入一所普通大学，在创业过程中无论遇到多少困难和打击依然能坚持下去，这是因为我在过去有很多让我觉得有成就感的经历和经验，我个人的自我效能感比较高。如果一个人失败的经历多于成功的经历，一有做不好的地方就被批评，挫败感比较强，他就容易形成习得性无助。所以，大家在教育孩子时要刻意地提升孩子的成就感，鼓励孩子的点滴进步，对孩子表现好的地方及时给予正面反馈，帮助孩子积累成功的经验和体验。

第二，代替性经验。观看别人坚持不懈克服障碍、实现目标的过程可以激发自我效能感。也就是说，当我们看见别人的成功，尤其在看到别人通过努力克服了类似自己所面临的困难时，我们也会被激励，我们相信自己也一定能够克服困难。因此，我们平时可以多看些名人传记，多向榜样学习。家长可以为孩子树立一个好的榜样。几年前我在做家庭教育时，有一位妈妈进入"心育"学习，这位妈妈当时在饭店工作，每天下班的时间都比较晚，回家之后便开始反复听微课，同时还要做笔记，每次学习完课程都在深夜12点之后。在一次微课学习过程中，这位妈妈的孩子说："我的学习动力来自我的妈妈，当我看到我的妈妈每天下班之后还在很努力地学习，我就充满了学习动力。"

第三，言语鼓励。如果有人对我们说坚持下去就会成功，还给我们适度的挑战，让我们体验坚持就是胜利，那么我们的韧性自我效能感就会很高。一个人对自己的价值判断不仅源于自己对自己的看法，还源于外界对自我的评价。试想一下，如果孩子觉得自己还不错，但家长长期说孩子不够好、不够努力、做得很糟糕，孩子就会怀疑自己是否真的像家长所说的那样，再过一段时间，孩子可能会认为自己就是家长所说的样子。如果家长经常给予孩子一些言语鼓励，孩子的自尊水平就比较高，自我效能感也会比较高。需要注意的是，鼓励和表扬不同，鼓励更强调过程，表扬更强调结果。例如，"你考试得了100分，说明你付出了很多努力，你的努力得到了回报"，这属于鼓励；"你做得很好""你考试得了100分，我为你感到骄傲"，这属于表扬。

第四，情绪状态和身体状态。在心情好和身体状态良好的时候坚持不懈地努力，我们更有可能相信自己会成功。

从自我效能感的结果来看。

在认知水平上，自我效能感高的人在应对环境挑战时，认知资源更丰富、策略更灵活、执行更有效。他们眼光长远，对人生有规划。他们更关注环境中的潜在机遇，而非潜在风险。他们能够描绘成功远景，并以此指导自己解决问题。在动机水平上，自我效能感高的人会设立具有挑战性的目标，并预期自己的努力会有收获，他们把失败归因于可控因素（比如努力不够、策略不当或者环境不利），而非不可控因素（比如能力不足）。他们还认为障碍是可以克服的，所以有动力坚持不懈地为实现目标而奋斗。在情绪水平上，自我效能感高的人把困难视作挑战，很少往坏处想，因此总能保持积极的情绪状态。自我效能感调节情绪状态的途径主要包括以下几种：促进人们解决问题，改变具有潜在威胁性的情景;让人们能够争取社会支持,缓冲压力的不良影响;促进人们使用自我安抚技术,如幽默、放松和运动。自我效能感还可以增强免疫系统的机能,提高身体健康水平和心理承受能力,提升心理社会适应能力。

如何提高自我效能感?

第一,在一个领域设置一个总目标,然后把总目标分解成多个比较容易实现的子目标,一个个去实现,这样就能保证不断有成就感。

第二,每实现一个目标,就体验一下成就感,反思一下在哪些方面下次可以做得更好。

第三,观察与你有类似目标的人是如何坚持努力直至实现目标的。

第四,向重要他人寻求鼓励和建议,这个重要他人既要对你的领域有所了解,还要是你尊敬、佩服的人。

第五,在身心状况良好的时候追求目标。

父母课堂

培养孩子的自尊的方法:①接受孩子的长处和短处。②在孩子擅长的领域,为孩子设置很高但可以达到的清晰标准。③支持孩子达到这些标准。④让孩子参与制定行为准则。⑤用主动解决问题的方式迎接人生挑战,做孩子的好榜样。

积极关系

> 积极关系旨在培养孩子的社交技能、沟通能力、爱的能力，使其能够建立和维护有价值的人际关系。

积极心理学家彼得森教授曾经提出"他人很重要（Other people matter）"，这句话被我们印在公司文化衫上。记得有一次，同事跟我分享，她在电梯里遇到一位女士，这位女士看了一会儿我们文化衫上的这句话，最后问："这句话说得不错，你们是做什么工作的？"听完同事的分享后我说："能看懂'他人很重要'这句话是在讲什么，并且也认为这句话说得很好的人，肯定也不简单，因为我们总是在强调自己很重要。""他人很重要"这句话到底是在讲什么呢？它讲的正是我们人生中最重要的一件事情——幸福的核心，也可以称之为"亲密的关系"。跟家人、同伴、老师之间的亲密的关系，就是我们本章所强调的"积极关系"。

积极关系的重要性

在这一节内容中,我将通过一些研究来说明积极关系的重要性。

20世纪60年代,英国心理学家鲍尔比发现,婴儿对抚养者(主要是父母)的依赖会以不同的模式表现出来,"害怕与父母分离,害怕被父母抛弃"是进化造成的人类天性。1978年,鲍尔比的学生安斯沃斯根据进一步研究,将婴儿与父母之间的互动模式分成了三种,并用一个名词予以总结——依恋,三种互动模式分别为安全型依恋、焦虑—矛盾型依恋和回避型依恋。

当婴儿需要照顾时,父母总是在身边、有回应,时刻关注着孩子的行为,婴儿就会感觉到安全、爱和自信,这种婴儿会比较爱笑,喜欢和其他人交往,发展出"安全型依恋"。"安全型依恋"的婴儿的具体表现是:只要妈妈(或者依恋对象)在场,宝宝就感到足够安全,能在陌生的环境进行积极的探索和操作,对陌生人的反应也比较积极;妈妈离开时,宝宝明显表现出苦恼、不安,想找寻妈妈;妈妈回来时,宝宝立即寻求与妈妈接触,并很容易安抚和平静下来。如果父母对孩子的照顾时有时无,无法预测,婴儿就会做出各种行为试图引起父母的注意。由于不确定照料者什么时候会回应,婴儿会表现出紧张和过分依赖,发展出"焦虑—矛盾型依恋"。"焦虑—矛盾型依恋"婴儿的具体表现是:妈妈离开时,宝宝表现得非常苦恼,极度反抗,任何一次短暂的分离都会大喊大叫;但妈妈回来时,宝宝既寻求妈妈的接触,又抗拒,不容易平静下来。当婴儿有需求时,如果父母总是不出现,或是态度冷漠,婴儿就会认为他人是无法信赖的,从而对他人充满怀疑,甚至陷入抑郁和绝望,发展出"回避型依恋"。"回避型依恋"的具体表现是:妈妈在场和离开对宝宝来说都没有太大的影响。

举个例子,当孩子两三岁后,分离焦虑的表现会十分明显,比如我们出去上班时,孩子们一般都会哭闹,不希望父母离开自己,我们此时一般都会去安慰孩子,但还是要去上班,而当我们下班回家时,这三种依恋模式的孩子心里都是很开心的,但外在表现是不同的。"安全型依恋"的孩子看到我们一进家门会欢呼雀跃,上前抱住我们说想念我们。"焦虑—矛盾型依恋"的孩子很想拥抱我们,但他此时会犹豫,心里的开心不会显露出来。"回避型依恋"的孩子看到我们回家时也许会躲开我们去做自己的事情,甚至会表现得很生气。当然,上述表现仅供各位家长参考,因为孩子的表现除了与婴儿时期依恋模式的建立有关,与孩子与生俱来的气质类型也是分不开的。但是各位家长可以以上述例子为参考,有意识地感知孩子的表现方式,一旦出现后两种依恋模式的行为表现,家长需要及时在孩子后期成长中调整自己的教养方式,以便更好地助力孩子成长。

1938年,时任哈佛大学卫生系主任的阿列·博克教授觉得整个学术界都在关心人为什么会生病、失败、潦倒,怎么没有人研究怎样才能健康、成功、幸福呢?博客提出了一项雄心勃勃的研究计划,打算记录一批人从青少年到人生终结的所有的状态境遇。通过这项研究,他最终总结出了什么样的人最可能成为人生赢家。

人生赢家的标准十分苛刻。主持这项研究整整32年的心理学家乔治·瓦力恩特揭示出人生赢家必须"十项全能"：十项标准里有两条跟收入有关，四条和身心健康有关，四条和亲密关系及社会支持有关。譬如说，必须80岁后仍身体健康、心智清明（没活到80岁的自然不算赢家）；60~75岁间与孩子关系紧密；65~75岁间除了妻子和儿女外仍有其他社会支持（亲友熟人）等；60~85岁间维持着良好的婚姻关系；收入水平居于前25%。这就是著名的"格兰特研究"。

每隔2年，这批人都会接到调查问卷。他们需要回答自己的身体是否健康，精神是否正常，婚姻质量如何，事业成功还是失败，退休后是否幸福。研究者根据他们交还的问卷给他们从E到A分出5个等级，E是糟糕，A是最好。每隔5年，都会有专业的医师去评估他们的身心健康。每隔5~10年，研究者还会亲自前去拜访这批人，通过面谈采访，更深入地了解他们目前的亲密关系、事业收入、人生满意度，以及他们在人生的每个阶段是否适应。

最终发现，与母亲关系亲密者，一年平均多挣8.7万美元；跟兄弟姐妹相亲相爱者，一年平均多挣5.1万美元。在"亲密关系"这项得分上最高的58个人，平均年薪是24.3万美元；得分最低的31个人，平均年薪没有超过10.2万美元。一个拥有良好人际关系的人，在人生的收入顶峰时期（一般是55~60岁）比处于平均水平的人每年多赚14万美元。由此可见，真正能影响"十项全能"，帮你创造繁荣人生的，是如下几个因素：不酗酒、不吸烟、锻炼充足、保持健康体重，以及童年被爱、共情能力强、青年时能建立亲密关系。

目前已有较为成熟的研究结果表明，积极关系在心理层面对人们有三方面显著的影响:幸福感、心理韧性和预防暴力。首先,当我们拥有良好的家人关系与朋友关系时,无论自己的心情如何,都能与家人和朋友分享,所以我们的幸福感自然很高。其次,当有一件糟糕的事情发生在我们身上或当我们产生挫败的感觉时,若有人能够倾听、安慰或支持我们,我们也会更容易地面对这个挫折,更容易重新树立信心,所以积极的关系和心理韧性也是密切相关的。最后,积极关系可以预防暴力。不知道各位家长有没有过类似的经历:当我们跟孩子表达一些观点或建议的时候,孩子不按照我们说的去做,跟我们顶嘴,导致最后我们不得不通过暴力来解决问题。但需要注意的是,如果我们不断对孩子使用暴力,潜移默化中也会让孩子习得用暴力来解决问题,当孩子进入校园后,可能会发生一些校园欺凌事情,不利于积极关系的建立。如果我们有良好的处理人际关系的能力,我们是可以预防暴力事件的发生。

普林斯顿大学心理学家丹尼尔·卡尼曼的研究也证明了积极关系的重要性。丹尼尔·卡尼曼和一个研究小组调查了1000多名美国妇女,请她们评价自己某一天内的活动,内容包括她们的行为、她们的伙伴和她们的感受。结果发现,对她们的幸福感影响最强烈的并不是她们的收入和工作压力,也不是她们的婚姻,而是她们的伙伴。

由此可见,构建一个积极的关系对个体来说非常重要。从内因上看,个体的社交技巧、共情能力、亲社会行为、情绪管理能力、乐观思维、自我效能感等都是幸福感和心理韧性的保护因素,其中前四个因素都涉及个体建立的积极关系的能力。从外因上看,积极关系本身就是极其重要的外在保护因子。尤其是对于儿童和青少年来说,他们最初的幸福体验和心理韧性的建立,就是以他们在积极关系中获益的经历为基础的(如安全的母婴依恋关系、健康的亲子关系、融洽的同伴关系、良好的师生关系等)。

积极关系的构建

在学习如何构建积极关系之前,我们先来看一看关系的五个层次(表7-1)。

关系的第一个层次是打招呼。当我们想认识一个新朋友时,我们首先做的就是打招呼、做自我介绍、展开一段对话。大家可以觉察一下,平时在与他人构建积极关系的过程中,自己是主动型的还是被动型的? 也就是说,在构建积极关系时,我们会主动打招呼,还是别人说话后我们才回应,别人不说话我们也不说话。有些家长反映孩子见了亲戚朋友从不主动打招呼。我们可以想一想自己平时带着孩子去聚餐或外出活动时,我们是主动开启对话的人吗? 如果我们经常主动开启对话,孩子也会受到我们的影响,主动构建积极关系的可能性比较大。关系的第二个层次是讲事实,这并不牵涉人与人之间的关系,只是在讲述一个客观事实。关系的第三个层次是谈想法。在具有一定信任的基础上,大家可以谈一谈自己的看法和观点。关系的第四个层次是谈感情。例如,在亲子关系中,孩子与父母是相互信任的且具有安全感时,孩子才愿意说出自己的想法。关系的第五个层次是一致性,此时已经建立了亲密关系。

表7-1 关系的五个层次

层次(由浅入深)	举例
1.打招呼 肤浅的社交应酬开始语,有助于开启对话和建立友好关系	A:"你好!""今天天气真好!""吃了吗?" B:"你好!""恩,是呢。""吃过了,你呢?"
2.讲事实 讲述客观事实,没有加入个人意见,也不牵涉人与人之间的关系	A:"你是哪里人? 做什么工作?" B:"我叫小明,在一所中学当老师。"
3.谈想法 双方都已建立了信任,可以谈自己的看法	A:"你为什么选择来参加这次的学习?" B:"我希望学会一些新东西,回去让我的孩子更优秀,家庭更幸福。"
4.谈感情 在互相信任的基础上,并产生了安全感之后才能做到。双方处在这一层次时会自然而然愿意说出自己的想法	A:"最近遇到什么困难了吗?" B:"说心里话,最近家里情况比较糟糕,孩子不学习,总玩手机,爱人也不管还常常埋怨我,家里经常发生争吵,家庭关系越来越差,我想有所改变。"
5.一致性 沟通的高峰,感受对方、帮助对方,即理解对方的体验和感受,并尽力提供帮助。当建立了真正亲密的关系时,双方能敞开心扉,达到心与心的共鸣	A:"谢谢你跟我分享你的感受。遇到这样的压力,的确很容易影响心情。如果没有找到排解的办法,心理一定堵得慌。如果你愿意多聊聊,我们午餐时间可以继续说。"

由此可知,任何一段关系的建立都是在情感的连接上由表及里,层层递进的。那么,我们如何构建积极的关系呢?

构建积极关系的第一个方法是具备同理心。

同理心指站在对方的立场,去了解对方的感觉、想法、行为,然后把这种了解表达出来,让对方知道你在努力靠近他、理解他,就像是穿着别人的鞋子站一会儿,去体会他人的立场和感觉一样。经常有家长问孩子辍学了该怎么办,我会很坦诚地讲,这个问题很难回答,我们需要先找到孩子辍学的原因。要知道,造成孩子辍学的原因有很多种,而我们会针对不同的原因采取不同的应对方法。若这位家长告诉我:"问过孩子了,但孩子不说。"那应当先不要关注辍学的事情,而是要去提升亲子关系。在"积极发展"一章中我们讲到"青少年心中的父母是什么样子的",里面有一句话的意思是:孩子希望父母更加理解自己,有耐心去倾听自己的心声,而不只是站在家长的角度对自己说教。很多父母会表示:"我倾听了呀!"什么才是真正的倾听呢? 我想,应当是"倾听,不要发泄;好奇,不要评判"。很多孩子不愿与父母沟通,是因为之前在尝试倾诉时得到的回应是父母的无视和指责,甚至父母会以孩子所诉说的事件为由,去发泄对孩子的不满。所以倾听的首要标准应当是去听孩子讲完。然后,我们要去理解或感受孩子的心情。我的很多学员在听我讲课时能感受到孩子是非常需要我们的理解与帮助的,然而在面对孩子时却不会有这样的想法,这是为什么? 我想也许是出于尊重,家长在听课时很认真,但在听孩子讲话时的状态是不一样的。以至于总是在孩子讲话时打断孩子,去反驳、指责、审判,甚至是发泄情绪,这正是因为我们没有真正理解孩子的心情。

曾经我在父母课堂上讲"同理心"时,有一位家长问:"孩子16岁了,孩子说不能面对学校的环境,不能见同学和老师,这该如何理解孩子呢?"其实,理解的基础是要多倾听孩子所诉说的信息,当我们知道并深入了解自己的处境和面对的困难时,才能更好地理解他的感受。

所以这位家长当下应该多让孩子诉说自己的想法,在倾听的过程中,自然而然地便会理解孩子的感受了。也有学员反映:"当我去表现得理解孩子时,孩子说我假惺惺的,如何让孩子感受到我的真诚呢?"俗话说:"路遥知马力,日久见人心。"我们不可能努力一两个星期就能改变我们用几年甚至十几年在孩子心里留下的形象。记得曾经有一位初二的女生给我留言,她说自己之前跟母亲关系不好,常常争吵,但她的父母在听完我的课程后会刻意关注她的感受并表示关心与理解,她感到压力很大,无所适从。这个女生就自己的感受发了一条朋友圈,妈妈看到后来问我该怎么办,我反问这位母亲:"孩子现在有了这样的感受,你觉得最近你做得好还是不好呢?"这位母亲回应道:"我正是因为不知道做得好不好才来问您的啊。"我笑笑说:"既然孩子能够说出这样的话,就说明你们做的还是蛮不错的,因为孩子能够感受到你在努力地关注她的感受、理解她的心情,向她靠近,没有人是不希望被理解的。只是孩子现在不知如何回应,或者没有达到你期望的成绩,所以感到压力大,这是很正常的。"我建议这位家长继续关心孩子,只是要放低期待,减轻孩子的压力。

但是同理心的不合理运用也会引起孩子的逆反心理,比如带有目的地理解孩子,我们一般称之为"有条件的爱",一般表现为"我给了你爱与理解,我就有了对你提要求的资本,你必须要满足我提出的某个要求"。假如孩子了解到大人行为的动机不是真心地帮助他,而是另有所图时,就会产生对抗心理,这也是我们所说的"归因逆反"。所以,真正的同理心应该是单纯地理解孩子的感受,给孩子安全的空间可以去倾诉,而不是为了让孩子做一些符合我们期望的事情,而强迫自己忍受、强迫自己听孩子的想法、强迫自己说一些违心的话。

有家长又会问:"我理解孩子的感受之后该怎么做呢?问题该如何解决?"我先来给各位家长讲一个小故事。有一个精神病人,以为自己是一只蘑菇,于是他每天都撑着一把伞蹲在房间的墙角里,不吃也不喝,像一只真正的蘑菇一样。别人觉得他很可怜,都劝他吃东西,但他丝毫不为之所动。心理医生想了一个办法。有一天,心理医生也撑了一把伞,蹲坐在了病人的旁边,病人很奇怪地问:"你是谁呀?"医生回答:"我也是一只蘑菇呀。"病人点点头,继续做他的蘑菇。过了一会儿,医生站了起来,在房间里走来走去,病人就问他:"你不是蘑菇么,怎么可以走来走去?"医生回答说:"蘑菇当然可以走来走去啦!"病人觉得有道理,就也站起来走走。又过了一会儿,医生拿出了一个汉堡开始吃,病人又问:"咦,你不是蘑菇么,怎么可以吃东西?"医生理直气壮地回答:"蘑菇当然也可以吃东西啦。"病人觉得很对,于是也开始吃东西。

读完故事,我们发现,医生将自己扮成了与病人一样的小蘑菇,这就是同理心,接下来再去尝试引导病人,就容易得多。所以,当你用同理心让孩子感受到你对他的理解后,问题已经解决一半了。接下来你对孩子的安慰或建议,孩子才可能听得进去。当孩子感受到来自家长的理解与支持后,他便会产生对抗挫折的勇气,也就是"心理韧性",这本身就是解决问题的一大要素。接下来的过程中也少不了摸索与尝试,但一定是在正确道路上不断进步的。当我们没有一步登天的能力、没有瞬间解决问题的方法时,慢下来就是最快的途径;我们越急躁,事情往往越会向糟糕的方向去发展。

我有时在跟刚认识的孩子谈话时,会受到家长对孩子的描述的影响,当孩子不认同我对某些事情的观点时,我立刻觉察到自己可能过早地把家长对孩子的期待内化为我对孩子的期待。这个时候,我会及时调整自己,首先向孩子表示歉意,然后问孩子:"你的想法是什么样的?"但需要注意的是,只听想法是不容易完全理解孩子的,需要进一步问:"你是有过什么样的经历或发生过哪些事情让你产生这样的想法吗?"当我们给出这样的反应时,孩子会进一步展开聊天内容。在孩子讲完后,我会表达出自己的理解,给孩子一定的回应:"原来在你身上发生了这样的事情/原来你经历了这些事情,如果我是你,我也会有这样的感受""如果我是你,我不一定会做得比你好",等等。通过上面这个例子我想告诉各位父母,倾听他人、有所反应是同理心的两个必要条件。不要把自己的焦虑或期待过早地强加给孩子,尤其是青春期的孩子,他的审辨能力和批判能力并不容易被他人影响,他对一些事情有自己的想法。所以,我们先要做到耐心地倾听,然后在倾听的基础上有所反应。

除此之外,同理心还具有四个核心要素:收听自己的感觉、表达自己的感觉、倾听他人的感觉、回应他人的感觉。我们平时可能更关注如何解决问题,很少关注甚至忽视了自己和他人的感觉和感受。从现在开始,我们要慢慢地去关注自己和他人的感觉和感受。在处理关系时,想一想自己能否清晰地把自己的感觉表达出来。在倾听孩子和伴侣的时候,除了倾听内容,我们有没有关注和思考他们此时的感觉和感受? 不要忽视和否定自己和他人的感受,要多关注和表达感受。

构建积极关系的第二个方法是充分利用语言沟通和非语言沟通。

沟通的第一要点便是上面花了大量篇幅讲的"有效地倾听",在这里,我谈谈倾听的三个维度:听内容、听情感、确认理解。"听内容"是指我们去听倾诉者在讲什么。"听情感"是指我们要去捕捉到倾诉者的情感。"确认理解"可以当作简单总结,比如"你刚刚提到什么样的事情,因此产生了什么样的感受,你希望发生什么样的改变或得到什么帮助,是这样吗"。

沟通的第二要点是印象管理,这包括穿衣打扮和表情动作。杨澜说过:没有人有义务必须透过你邋遢的外表去发现你优秀的内在。还有人说:美是一切社交的开始。联合国儿童基金会曾做过一个实验。在格鲁吉亚的街头,研究者让一个小女孩分别打扮得光鲜漂亮和破旧邋遢,看路人是否会留言和关注这个看似迷路的小女孩。结果发现,当小女孩打扮得光鲜漂亮时,很多路人都会过去向她提供帮助;然而,当她穿得破旧邋遢时,却无人问津。穿衣打扮在对他人尤其陌生人的印象建立上尤为重要。

沟通的第三要点是主动的建设性回应。

我以一个例子来说明这一要点的重要性。小明今天在班上竞选班干部成功了,他非常高兴,回家的第一件事情就是把这个好消息告诉妈妈,妈妈可能有以下四种不同反应。

A反应："噢,是吗,挺好的啊。"然后继续做自己的事。

B反应："你确定这是件好事? 那你以后要花很多时间为班级做杂七杂八的琐事,你还有时间学习吗? 你能两边兼顾吗?"

C反应："噢,我跟你说你爸今天又没回来在外面喝酒,对这个家一点也不关心,你见了你爸,帮我问问心里还有没有这个家?"

D反应："哇,儿子你真是太棒了! 跟我说说竞选的细节,你是怎么做到的?"

我相信上述四种反应均会在实际生活中发生,而符合"主动的建设性回应"的仅有D反应。那么前面三种回应都有什么弊端? D反应又有什么样的好处呢? 我们一一分析。

在A反应中,家长对孩子做出这样的回应,也许是出于不想过分表扬孩子、怕孩子会骄傲的考虑,但是我们站在孩子的角度想一想,当他兴高采烈地向父母说一个好消息却得到这样的回应时,孩子也许会觉得父母在敷衍自己。B反应会让孩子感受到被否定,父母认为孩子提到的那件事是没有什么意义的。C反应会让孩子感到被忽视,认为家长并不关心他的情绪、想法和生活。在D反应中,前半句是正面的、积极的、孩子想要的反馈,后半句引导孩子总结出竞选成功的原因。

加州大学心理学教授雪莉·盖博的研究表明,好事发生时能否获得支持回应在关系中起着非常重要的作用。她将人们对他人发生好事时的回应分为四种:主动建设性回应、被动建设性回应、主动破坏性回应、被动破坏性回应,如表7-2所示。

表7-2　四种回应类型

回应类型	主动的	被动的
建设性的	热情的支持 眼神接触 真诚的态度 "太棒了！我就知道你行,给我讲讲你是怎么做到的?"	没什么精神 反应迟缓 不上心的鼓励一下 "噢,挺好的。"
破坏性的	表示质疑 拒绝接受 贬低事情的价值 "我觉得这不值得你这么高兴,说不定压力更大。"	转移话题 忽略这件事 忽略说话的人 "噢,对了,我下载了一个新的游戏,特别好玩。"

通过这个表格,我们发现,A反应属于被动的建设性回应;B反应属于主动的破坏性回应;C反应属于被动的破坏性回应。D反应属于主动的建设性回应。主动的建设性回应向人传递着两种信息:第一,我认可你这件事的重要性,认可你与这件事的关系,认可你的付出;第二,我看到了这件事对你的意义,对此我做出一些回馈和反应,从而展现出我与你的积极关系。被动的或破坏性的回应向人传递着这样的信息:第一,你提到的那件事是没有什么意义的,无论是现在还是将来;第二,我不知道哪些东西对你而言是重要的;第三,我并不关心你的情绪、想法和生活。

良好的亲子关系是家庭教育的基础,日常沟通中运用主动的建设性回应便是十分重要的、建立良好亲子关系的技巧。然而任何方法的掌握都需要刻意练习,在尝试与孩子运用主动的建设性回应前,不妨从日常生活中与朋友、同事等人的沟通中开始练习。比如让你的朋友、同事或亲人告诉你一件发生在今天的关于他的好事，无论这件事的大小或重要性如何，只要是关于他的积极的事情，并且他在谈论的时候感觉舒服就行。当他们分享时，你需要用一种"积极的建设性反应"来回应他们。在回应过程中保持目光接触，表现出你对他们要说的内容很感兴趣、很投入。在合适的场合微笑或欢呼，来表达你的积极情绪。在此过程中做一些热情的评论，比如"这听上去真棒""你一定很开心""你的付出绝对值得"等。也可以问一些建设性的问题，来进一步了解这件好事。例如，一个人告诉你，他的一个项目获得了认可，你可以问问关于这件事的更多细节，如他感到自豪的这个项目是关于什么的，当他获得认可时有什么感受。最后，提出这件事的积极意义和潜在好处的设想，比如"我打赌这意味着你今年将会获得一次升职的机会"。这样的练习可以每周做一次，每次五分钟。在不断练习中提升沟通的流畅度，面对孩子时也会自然而然地去运用了。

构建积极关系的第三个方法是表达善意与助人。

心理学研究发现，那些乐于助人的青少年未来会更成功、家庭关系更和谐、生活习惯会更好、社会支持会更多、具有更强的社会竞争力。在日常生活中，我们可以进行一些善意行动小练习。准备一张"善意行动清单"，在上面列出20到30个可供选择的善意举动，比如"给好友一个拥抱""为父母泡一杯茶"等。在一周内的某一天，选择其中5件来完成，完成后在清单上打钩。持续坚持几周，将清单上的内容都做过之后，可以更新内容。也可以在家里准备一个漂亮的"善意瓶",家里的每一位成员每做一件好事就可以将事情记在纸条上,折成星星,丢进这个瓶子里;或是在家里的一个地方摆放一棵"善意树",家人每做一件好事,可以将其记在便利贴上,把贴纸当成树叶贴在树上等。如此刻意地练习日常生活中的善意行动,可以增强我们构建积极关系的能力。

积极关系在教育中的应用

社会中的每一个人都生活在人际关系网中,每个人的成长和发展都依存于人际交往。人际交往的好坏往往是一个人心理健康水平、社会适应能力的综合体现。对于正在学习和成长的孩子们来说,人际交往是生活的基本内容之一。亲子之间、同学之间、师生之间、个人与班级之间、个人与学校之间等关系构成了他们的人际交往体系。构建积极关系对于孩子们而言不仅是学校生活的需要,更是将来适应社会的需要。接下来我们依次从同伴关系、师生关系和亲子关系三个方面讲述如何助力孩子构建生活中的积极关系,提升人际交往能力。

第一个方面是积极的同伴关系。

感受到同伴的接纳和拥有积极的同伴关系,可以显著提高儿童和青少年的自信,并使他们将来踏入社会后能更容易与其他人进行积极的互动。在童年时期,那些拥有至少一位好朋友的人,孤独水平更低,更少体验到焦虑,更少被欺凌。同时,同伴关系的质量比数量更重要,具有心理韧性的青少年通常有着一份可靠的友谊,朋友之间很忠诚,能够相互支持,站在同一战线。在同伴关系中,孩子会经历三个阶段:幼儿阶段、学龄阶段和青少年阶段。

幼儿阶段的同伴关系。

培养幼儿阶段孩子的人际交往能力的主要途径是角色扮演游戏,比如女孩子玩的过家家或男孩子玩的警察抓小偷等。幼儿间的角色扮演游戏是促进幼儿间亲密关系发展的关键。在对幼儿的人际关系进行干预时,应该加入游戏和沟通的技巧,以便给他们友谊的形成提供更理想的条件。我们可以使用玩偶来进行角色扮演,让孩子们练习使用各种交友技巧,包括如何进入一个团体,或如何处理别人带来的失望。具体来说,当孩子想加入一个团体时,首先要做到旁观者行为,安静的站在附近,观察同伴的团体活动过程;接下来,对团体进行积极的评价,肯定和赞美同伴的团体活动,以表示对这个团体的友善;然后,模仿团体活动,做出与团体行为相似的动作,旨在告诉这个团体中的每一个人,自己已经学会了这项活动;最后,提出请求,询问团体是否愿意让自己加入他们。这个团体可能会接受孩子,也可能会拒绝他。有些孩子被拒绝后可能会将原因归咎于自己,产生自责,认为自己不受欢迎,大家不喜欢自己。这个时候,家长要引导孩子处理别人带来的失望,告诉孩子任何一个人都有拒绝他人的权力,被拒绝并不代表我们不够好,可能只是这一局活动不方便加入新人,可以等一会儿再进行尝试,如果还被拒绝,我们可以去找其他团体。家长要引导孩子有这样一个意识:别人拒绝我并不是因为我不够好,也不是因为别人不喜欢我,可能是当下的时机不对,也可能是对方当下的情绪不佳等，别人拒绝我是别人的事，与我无关，我的正确做法是寻找其他朋友。

在培养孩子积极的同伴关系时，我们要加以正确的引导。我们看到孩子们的友善行为为时可以提供指导和点评，比如我们去学校观看孩子的篮球比赛，孩子主动帮别人捡球了，我们可以对当下这一友善的行为给出点评："孩子，我看到你刚才主动帮别人捡球了，我觉得你特别善良，特别爱帮助别人。"当孩子出现了一些不利于构建积极关系的行为的时候，或者当孩子出现烦恼时，坐下来好好跟孩子谈谈，帮助孩子理解并处理自己的感受和他人的感受。比如我们可以通过引导和提问来与孩子进行互动："孩子，刚才发生什么事情了，你觉得你这样说，对方有什么样的感受，你自己有什么样的感受，有没有一个不让自己委屈且对方也可以接受的方法来解决事情呢？"此外，我们可以营造一个团体环境，给孩子们提供一些可以充分互动的机会，如共同给玩偶穿衣打扮，每次指派两个孩子来给玩具车装轮子等。我们也可以通过讲述关于友谊的故事来唤醒孩子的意识，与孩子讨论友谊的特征和意义。

学龄阶段的同伴关系。

当孩子进入学龄阶段时，与他人玩耍依然是发展社交技巧和友谊的重要方式。此时孩子需要更多自主发挥的空间，如操场、游乐场地等，使孩子能够在没有监视的情况下玩耍。曾经看到过一位首都师范大学教授发朋友圈说自己的孙女在没有告知家里大人的情况下跑出去玩耍，所以大人在一段时间里没有找到孩子，等孩子回家后，这位教授就问孩子:"你去哪里了,为什么不跟我们说一声呢?"孩子回答说: "我想体验一下长大了是什么感觉。"教授继续问孩子:"那你为什么躲起来不让大人发现、不告诉大人呢?"孩子说:"因为长大了就不需要别人监视了呀。"发生这件事情时,孩子只有五六岁,通过这件事情我们可以意识到,有些孩子很小就会寻求一定的自主空间了。在这个阶段,我们要多鼓励孩子参加校外活动,以保持对他人的兴趣;号召孩子们以班集体为单位来讨论友谊与友善行为;周期性地与孩子们深谈,来帮助他们消除那些关于友谊的烦恼、解决不友善的行为问题;给孩子们提供机会,让他们能与自己的朋友共同应对困难和问题,让他们能习惯于和不同的成员合作。

青少年阶段的同伴关系。

孩子成长到青少年阶段,需要发展他们的自我认同和归属感,与朋友互动、加入一个友谊团体可以帮助他们实现这些。青少年的友谊在提供接纳和情感支持方面能起到非常重要的作用,尤其是能使他们变得更加独立,对父母的依赖有所减少。心理学家布尔梅斯特认为,进入青春期后,友谊会发生四个方面的变化:首先,友谊的活动主题发生了变化,朋友之间的交流从以活动为中心转向以谈话为中心;其次,友谊关系的活动范围进一步扩大,到了青少年时期,随着各方面的发展,好朋友之间进行活动的场所已经延伸到校外,包括各自的家以及其他一些公共场所;再次,友谊成为自我探索与提供情感支持的重要人际关系,处于青少年时期的个体的一个突出特点就是好朋友之间自我暴露和相互提供情感支持的程度加深;最后,友谊亲密性程度加深,亲密性作为青少年时期同伴友谊的一个显著特点,需要个体能够表现出理解、忠诚、敏感、可靠,以及愿意为对方保守秘密等社会技能。

我有一个学生曾经有一段时间心情特别沮丧,原因是他与好朋友断了联系,没有往来了。在跟他的交流中我发现,他们之间并没有什么冲突或矛盾,只是我这位学生心思细腻,性格内向,朋友并不多,特别珍惜这段友谊,当对方遇到困难或心情低落时,他总是能细心地捕捉到并主动给予帮助或安慰。相信我们在日常生活中都盼望,自己需要帮助时不用言语表明,他人便能够主动上前。而当我这位学生遇到困难、特别需要他人的支持时,他的这位朋友总是不能及时地意识到,对他的心情变化也不够敏感,因此,他十分失落,便做出了疏离他这位朋友的一些行为,以此来"提醒"一下他的这位朋友。然而,即便如此,对方依旧不为所动,渐渐地,两个人交流便少了,一段友谊不了了之。

作为长辈,我们要与青少年交流,确认他们在哪些场合会与同辈之间产生交际困难,在什么情况下需要支持。家长的教养措施必须以两点为目标:教授建立友谊或结交新朋友的技巧,以及教授如何建立积极的同伴关系。若孩子缺乏自信、社交压力过大,可以与孩子共同选择短期的团体培训,如在暑假抽出时间,参加一些由专业人员带领、集中举办的团体活动,活动的主要目的是提升青少年的自尊自信水平、加强积极的人际交往能力等。

第二个方面是积极的师生关系。

积极的师生关系在儿童和青少年获得幸福感和心理韧性的过程中也起着重要作用。有研究表明,那些与老师有积极而紧密的师生关系的青少年,酗酒的可能性更低,自伤和自杀的可能性更低,出现暴力行为的可能性也更低。师生关系的质量是对学生的学业成就影响最大的因素之一,积极的师生关系也是教师进行有效班级管理的基础,有高质量师生关系的班级与其他班级相比,在一学年内违反纪律的概率要低31%。作为老师,最好有意识地营造一种温暖的氛围;对学生提出的问题或学生状态的变化做出及时的、较高频率的反馈;拥有一双发现学生优点或进步的眼睛,并给予学生真诚的赞美,在夸奖时提出具体的事件,并鼓励学生给你反馈,从而建立良好的师生关系。

第三个方面是积极的亲子关系。

先去了解孩子。

那些与父母有着积极关系的儿童和青少年,具有更强的心理韧性及更高水平的幸福感。积极的亲子关系通常被描述为"温暖的、有情感支持的,同时又有权威性的"。亲子关系不到位,家庭教育两行泪。我们都知道父母应当去理解孩子,那么怎样才能做到真正理解孩子呢? 除了与孩子共情,体会孩子的感受之外,一定要建立在了解的基础上,只有了解孩子在不同阶段的生理和心理特点,才能更好地理解孩子的行为表现或情绪波动。除此之外,父母还应当了解孩子的兴趣、性格、多元智能优势和价值观,才能更好地帮助孩子找到一条更适合他的生涯路径,如若这些方面均不了解,父母则无法站在孩子的角度或根据孩子自身特点去给予建议或做出正向引导。

在与孩子沟通时,父母要尊重孩子。

首先,尊重孩子要做到耐心倾听孩子的观点,尊重孩子的想法。

孩子是一个有思想、有需求、有情感的独立个体。所以，父母要正视他的存在，理解他的愿望，肯定他的努力，赞赏他的成就，并给予他应有的权利。其次，父母可以给孩子提建议，但决定权要放在孩子手里，即使孩子的想法与父母的想法发生冲突，也要尊重他的决定，不要强行为他做主。即使孩子的选择最后是错误的，但对于他来说，这也比父母为他所做的选择好，至少他尝试过，并深刻明白自己的选择错在哪里。最后，在制定一些规则或决定一些事情时，要做到共同商讨，避免"一言堂"。从大人的角度看孩子，会觉得孩子有些行为是不可理解的，如情绪起伏大、在家在校的表现判若两人。其实，换个角度想，站在孩子的角度看大人，大人也经常无理取闹，如在网络上常见大学生吐槽父母"神之逻辑""迷之要求"。父母和孩子虽然在一些问题上观点不同，但并非不可以统一。父母只要明白孩子的心理发展阶段本就和大人不同，就不会违背客观规律，强求孩子和自己想的一样了。

父母要肯花时间。

想要建立一个良好的亲子关系，在理解和尊重的基础上，父母还要做到肯花时间。父母对孩子的养育投入度（对孩子成长的关注程度、愿意花多少时间与孩子相处）和对孩子自主性的支持，是亲子关系中对孩子的学业成就及学习胜任力影响最大的两个因素。陪伴孩子从来不是简单的事，需要父母静下心来，细致观察，用心去了解孩子的世界。其实，当我们全神贯注地陪伴孩子玩耍时，已不再只是一个陪伴者了，而是和孩子成为了很好的玩伴，那种兴奋、那种快乐，还有与孩子共悲喜的情感和情绪状态,又何尝不是一种享受呢?

积极的语言不可或缺。

我们常说,孩子就是父母的复印件,因为父母的语言时刻在塑造着孩子。在良好的亲子关系里,积极的语言是不可或缺的。比如我们上文提到的主动建设性回应就属于积极的语言。父母在任何时候都要尽量做到"安抚,不要指责;帮助,不要替代;建议,不要教条;鼓励孩子自己解决问题",为孩子创造一个安全的环境,给予孩子表达自己内心真实想法的机会。成年人都不可能保证自己说的每一句话都是对的,又怎么可以如此苛求孩子呢? 所以,当孩子说出一些不符合我们期望或要求的想法时,不要着急去评判,而是要认识到,这是我们了解孩子的途径,只有当孩子说出来,我们才能认识到孩子内心的真实想法、了解孩子为何这样想、有这样的想法已经多久了,进而引导孩子,并纠正孩子的一些错误认知。接下来,我们来看看五种不同的语言风格和语言展现(表7-3)。

表7-3 不同的语言风格和语言展现

语言风格	语言展现
始终批评	指出孩子消极方面,惩罚孩子
先批评后表扬	指出孩子消极方面,但给予希望
始终表扬	热情赞美孩子,真诚支持孩子
先表扬后批评	肯定孩子优势,但否定能力
积极引导	找到孩子具体优势和事情有利方面,并利用这些引导孩子解决问题,表达信任

若对上表中的五种语言风格进行排序,我相信大家对"积极引

导"是最受孩子欢迎的语言风格没有太大异议。曾经在我上课过程中,也有部分学员认为"始终表扬"最受孩子欢迎,他们认为始终热情地赞美孩子、真诚地支持孩子,孩子一定会喜欢。但是相较而言,"积极引导"更具有方法性,在孩子面对问题时更能够助力到孩子,给予孩子更大的帮助。至于表扬与批评的先后顺序,并没有太大的影响。但是"始终批评"一定是被孩子厌恶且不利于孩子成长发展的语言风格。

根据不同的错误等级选择不同的批评方式。

需要注意的是,在亲子互动中,不当的批评方式一定会影响亲子关系,那么该如何批评孩子呢?我们要根据不同的错误等级选择不同的批评方式。错误可以分为五个等级。

首先是臆误。臆误是指孩子的动机是好的,但是将事情搞砸了。例如,有一位妈妈在做午饭前发现家里的酱油用完了,跟孩子说:"你在家等妈妈一会儿,妈妈买好酱油便回家做饭。"等妈妈回家后发现厨房里撒了一地水,还有几个瓷碗摔碎在地上,一时间火冒三丈,不听孩子解释便开始批评孩子调皮、不懂事、给自己添乱。过了一会儿,孩子见妈妈情绪缓和了一些,上前跟妈妈道歉,说自己是想帮妈妈先洗洗菜,不小心将瓷碗摔碎,也不知如何关上水龙头,以至于水漫了出来,自己十分愧疚,希望妈妈不要生气。相信如果您是这位母亲,一定十分后悔没有先听孩子解释,而这样的事情便是我们说的臆误。不论发生什么事情,我们看到不好的情形时,首先应当听一听孩子的解释,问询一下事件背后的原因,再做出评价。若发现孩子的动机很好,但没有做好甚至搞砸一件事情时,父母理应鼓励孩子,包容孩子。

其次是失误。这一点很好理解,当孩子出现失误时,也许都不清楚一件事到底应该如何去做,那我们又何谈批评呢?遇到此类情况,我们应告知孩子什么事情可以做和做事的标准,教给孩子做事情的流程与方法,并示范一遍。

再次是较小错误。在出现这类错误时,孩子也许处于练习与摸索阶段,家长应重复做该事的标准。

接下来是一般性错误,指孩子已经掌握做好某事的方法和技巧后仍旧犯错,此时可以做出一定的批评,令孩子端正态度。

最后是严重错误。在孩子出现触犯底线和原则的错误时应该严厉批评,甚至可以做出惩罚。需要注意的是,做事的标准、底线和原则都应提前告知孩子,否则不能令孩子信服。

那么,积极语言到底该如何应用呢?如表7-4所示,前三个层次的语言是消极语言,应降低对它们的使用频率;后两个层次的语言是积极语言,应提高对它们的使用频率。家长的积极语言会引发孩子愉快的感受,当孩子情绪变得积极时,亲子间的互动也会更好。多使用表7-4中积极的语言,不仅仅是对孩子目前状态的肯定,也表达了大人们的一种态度和期望,更多的是包含对孩子的理解、信任和期待,而这份情感是可以被孩子感受到的,从而产生激励和引导的作用。

表7-4　积极语言的应用

层次	示例	特征	归因
禁说	滚蛋、滚出去、不要脸、抽你、打死你、让警察抓你、不要你了、白养你、没人搭理你……	恶语	剥夺爱和归属
不说	讨厌、淘气、捣乱、烦人、笨、傻、蠢、窝囊、马虎、撒谎、老失败、让人失望、拖后腿、真糟糕……	负向肯定、批评、打击他人	降低自尊
少说	不行、不好、不是、不对、别动、没出息、不听话、不努力、不认真、不争气、没救了、不上进、不能做、不想干、不愿意、做不了……	"NO"语言、误解、制止他人，不相信他人	否定他人
多说	行、好、是、对、可以、试试、能做、做得了、会成功……	理解他人，先肯定，再指出"NO"的原因，提出建议，让人感到有希望	肯定、尊重
总说	我同意、我欣赏、我尊重、我期待、我相信、我理解、有道理、有新意、有收获、有希望、有提高、有进步、是有原因的……	正向肯定，提出指向未来的建议和有目标效果的行为	激励、引导、赞赏、自我实现

最后,想要构建积极的亲子关系,家长还应注意以下几点:承诺的事情一定要做到,言出必行;该道歉的时候要道歉;跟孩子一起互动、讨论(参与孩子的互动,一起做手工、做饭、旅游、看电影,讨论人生和引导正确的价值观);邀请孩子做有意义的事情时,即使遭到拒绝也要多次邀请;选择合适的时间沟通。

父母课堂

　　构建积极关系的方法:①具备同理心。②充分利用语言沟通和非语言沟通。③表达善意与助人。

积极意义

> 积极意义旨在帮助孩子树立正确的价值观,建立人生意义感和方向感,追求有价值、有意义的梦想。

请大家先思考一个问题:对于大家来说,什么样的人生(生活)是有意义的人生(生活)? 有人说:有意义的人生就是自己可以做自己想做的事情,自己可以在某些方面有所突破。有人说:有意义的人生就是家庭幸福,家人身体健康,子女学有所成。还有人说:有意义的人生就是能为社会做一些贡献……每个人心中都有不同的答案。接下来,我们将共同探讨到底"何谓意义"以及"如何进行意义教育"。

何谓意义

意义是什么? 我们的一生到底是为了逃避痛苦,还是追求快乐,或是追求人生意义? 意义是人类进步的驱动力,我们正处在一个比以往任何时候都需要思考意义的时代。回想一下,在近150年的社会发展历程中,我们经历了三个伟大的时代:工业时代、信息时代、概念时代。在工业时代,人们围着机器转,主要做一些流水线的工作,不需要思考意义。在信息时代,计算机和网络出现了,信息就是财富,知识变得更重要了,人们不断地学习知识和获取信息。到了概念时代,那些过去不敢想象的和只能在科幻片中出现的东西正在逐步实现,人们会想象未来是一个什么样的时代,思考人类和人生的意义,提出一些其他人没有提出过的概念,围绕着概念整合和更新知识,然后去创造和创新。举个例子,假如一个人所追求的人生意义是希望自己的生活变得更高效和快捷,深入思考一下,这个意义是否是更多人的需求?要想使生活更便捷,我们能在哪些方面有所创新?先提出概念,再去付出行动。在概念时代,意义就代表着创新。

积极心理学之父塞利格曼说:"人类不可避免地会追求幸福的第三种形式,即对人生意义的追求。"有意义的生活与单纯追求享乐的生活不同。很多人觉得,生活就是为了快乐,在我的《少年志》课程中,有一个名为"价值观拍卖"的活动,每次都有很多孩子竞拍"物质享乐"这一项价值观,还有很多孩子追求的是当下的快乐。我认为追求当下快乐的原因是过去不快乐。曾经有一个孩子说:"我高兴就好,我不要在意别人。"为什么孩子会有这样的想法呢?孩子说:"我小时候太痛苦了,太为别人着想了,所以现在我的快乐才是第一位,别人都不重要。"我对这个孩子的想法表示理解。父母认为只要当下努力学习,未来就能过上更好的生活。我们可以想一想,为了未来看不见的或想象不到的生活,一个孩子会有动力在当下付出很多努力、吃很多苦吗?只有当一个孩子找到人生的意义和学习的意义,他才会有奋斗的动力。

在快乐的生活中,人们"得到"的更多,而在充满意义的生活中,人们更愿意去"给予"。作为父母,在教育孩子的过程中,我们是为了"得到",还是"给予"? 如果我们更愿意去"给予",那么我们对孩子的爱是有条件的吗? 例如,孩子考试没考好,父母说:"你玩游戏,你顶嘴,你对得起我吗?"这个例子中的父母"给予"的是有条件的爱,是为了"得到"。如果我们在孩子面前一直塑造的是想要"得到"的形象,孩子也会模仿我们的做法。孩子同样希望"得到"的更多,如果得不到,那就不做了。"给予"并不是包办孩子的生活,"给予"是一件幸福的事情,"给予"是给孩子更多的爱。

塞利格曼认为,追求生活的意义就是"用你的全部力量和才能去效忠和服务于一个超越自身的东西"。因此,有意义的生活绝不是一种自私的追求,不是向世界索取什么,而是思考自己能为周围的人和环境贡献哪些价值。

意义从何而来

意义的第一个来源是良好的人际关系。

一件事情,去掉毫无互动和联结的人际关系,那么这件事的意义感就会变得很低。几年前我外出学习,当出租车停在某一路口时,我看到前面走过很多人。司机师傅说:"你看这些人像行尸走肉一样,每天过着麻木的生活。"我问:"他们是做什么工作的? 为什么会对他们产生这样的评价?"司机师傅介绍说他们就在旁边的公司就职,每天都要做流水线式的工作,不需要创新,不需要与人互动,工资的高低取决于每天在流水线上的工作量的大小。他们人生的意义感比较低。在我的课程上,有很多家长反映自己的孩子沉迷手机,导致这一现象的一个重要因素可能就是孩子非常孤独,孩子跟父母的关系或跟同伴的关系比较糟糕,孩子想从手机中获得快乐。再比如,抑郁的人更容易封闭自己,不愿意主动和他人交流,不仅否定外界和他人,也否定自己。抑郁的人更容易表现出自残和自杀倾向或行为,这是因为他们普遍失去了与别人的互动和联结,他们的人生没有意义感,觉得活着没意思。如果我们有一个良好的人际关系,那么我们的生活会更有意义。

意义的第二个来源是创造性的工作。

心理学研究表明,人们对工作的态度可以分为三种:养家糊口的"差事"、高新升迁的"职业"、有意义感的"事业"。如果我们只将工作看作一份赚钱的差事,基本上很难从工作中获得快乐,工作也很难变成人生意义的一部分。如果我们把工作看作一种高新升迁的"职业",通过工作可以获得更高品质的生活和更高的地位,这是人生意义的一部分。但如果我们把工作看作一份有意义感的"事业",这将带来重大的人生意义。1964年,社会学家梅尔文·科恩和卡米·斯库勒曾调查过3100名美国人对自己工作的看法,他们发现,影响被调查者的满足感的关键就是他们所说的"工作自我引导"。"工作自我引导"指工作是不是自己所热爱的,在工作中能否展现自己的价值以及自己是否自发地想做好工作。当一个人在工作中有自我引导,工作有上升空间和创造性,他的意义感就比较高。例如,在我们公司,凡是喜欢自己所从事的工作和认为自己适合这份工作的员工,他们的意义感和使命感就比较强。梅尔文·科恩和卡米·斯库勒的调查还表明,从事低复杂度、高重复单调性工作的人,对工作产生的疏离感最强。工作内容多样化、较具挑战性,且在工作中比较有回旋空间者,对工作的满意度则远高于前者。

因此,我们要思考和寻找既适合自己又有意义的工作,在工作中发挥自己的优势,或者给自己当下的工作赋予意义。如何赋予工作意义呢?例如,有人觉得在医院当保洁员很快乐,因为他们觉得把医院打扫得干干净净能助力病人早日康复;见到病人时给予微笑能让病人心情更好,从而助力他们早日康复,这就是保洁员赋予工作的意义。

意义的第三个来源是对待苦难的态度。

即使在看似毫无希望的境地,生命完全被暴力束缚,人们也能找到人生的意义,在勇敢接受痛苦挑战的时候,生命就有了意义。例如,印度英雄甘地一生都在为印度民族独立奋斗,他曾绝食十几次,被捕入狱三次,尽管他经历了许多苦难,但他并没有被苦难击倒,反而在苦难之下思考和坚守人生的意义。前段时间,我阅读了《苦难辉煌》一书,这本书展现了中国共产党领导中国人民进行革命斗争的艰辛和伟大历程,中国共产党人坚信自己的一生应该为共产主义和革命事业而奋斗,他们面对苦难时的态度和壮举激励了我,这让我不禁思考自己的人生该如何像我们的革命先烈一样为某个目标而付出努力,以及如何做一件很有意义和价值的事情。在我的人生历程中,我也遭遇过创业失败和家人离世的双重打击,那段时间的我非常痛苦,我常常想为什么自己这么努力,最后却得到了这种结果。后来是孟子的一段话给予了我力量,让我走出了那段痛苦经历:"天将降大任于是人也,必先苦其心志,劳其筋骨,饿其体肤……"当我想放弃的时候,我就想起了这句话,这句话告诉我面对苦难应抱有的态度以及人生意义的来源,我会思考我到底要做一件什么样的事情,我未来到底要过一个什么样的人生,当我拥有意义感的时候,我就决定不能放弃当初的梦想,要继续奋斗。

将对待苦难的态度融入家庭教育中,则要求我们在教育孩子时,尽量不要包办代替,要多鼓励孩子去试错,让孩子在试错过程中学会面对挫折、学会成长。当孩子能以越来越积极的心态面对和克服生活中的苦难和挫折时,他也会对人生有积极的思考,以及对人生充满向往。总而言之,对待苦难的态度就是人生意义的一部分,思考人生意义也能帮助我们更好地面对苦难。

意义的第四个来源是价值观的影响。

价值观表示一件事情对一个人的重要性。当一个人所做的事情是符合其价值观的时候,他会认为这件事情有意义;反之,他就会认为这件事没有意义,价值观会影响人的意义感。举个例子,在规划孩子的职业生涯时,要综合考虑到孩子的兴趣、能力、性格和价值观。兴趣决定着孩子想做什么和适合哪个行业,做一件有兴趣的事会感到快乐,无兴趣则会感到厌倦。能力决定着孩子能不能从事某项职业,以及在工作中能达到何种程度,能力强会充满自信,能力弱则会比较焦虑。性格决定着孩子适不适合某个行业,以及在行业中能任职于何种职位。如果工作能发挥出孩子的性格优势,孩子的工作效率会比较高;如果工作不能发挥出孩子的性格优势,孩子在工作中可能会遇到很多不顺的地方。价值观决定着某件事是否值得去做,以及在择业时选择什么样的组织机构。如果一个人做的事情跟价值观相匹配,他会很坚定;如果一个人做的事情跟价值观不匹配,他会很迷茫。例如,对于学习这件事,如果孩子的认知是学习很重要,孩子就会觉得学习很有意义;反之,孩子就会觉得学习没有意义。

如何进行意义教育

2012年,美国大学生健康联盟对76000名学生进行了一项调查。结果显示,86%的学生感到不堪重负,82%的学生感到情感耗竭,62%的学生感到非常悲伤,58%的学生感到十分孤独,51%的学生感到焦虑,47%的学生感到没有希望和意义。青少年普遍表现为生命意义感较低,从而导致他们产生了空虚的感觉,因此,许多研究者对生命意义和青少年自杀的态度进行了探讨。研究表明,青少年生命意义感的缺乏是他们产生心理问题和选择自杀的一个重要原因。因此,对孩子进行意义教育非常重要。

在生活中,如何对孩子进行意义教育呢?

第一,观察孩子的兴趣点,激发孩子更大的兴趣,并做启发性的沟通,探索兴趣长远的意义。我们可以先多带孩子尝试一些活动,在尝试中发现孩子的兴趣点和擅长点,然后支持和培养孩子的兴趣。我们可以创造一些与这个兴趣点相关的环境,比如带孩子去相关的兴趣培训机构;我们也可以做一些启发性的沟通,比如询问孩子觉得这个兴趣能给自己的生活带来什么,这个兴趣对未来有什么样的意义和影响。

第二,帮助孩子设定一个长远的、清晰的目标。一个长远的、清晰的目标可以帮助学生把低水平的意义解释提升至高水平的意义解释。如果父母或老师能帮助学生设定未来的长期目标,以及引导学生思考长大后想做什么,那么学生就很有可能改变对学习的态度。如何帮孩子设定一个长远的、清晰的目标? 首先,我们可以通过探索了解孩子的兴趣、性格、能力及价值观,据此来帮助孩子清晰自己未来的职业发展目标。例如,在我的《少年志》课程中,我会通过活动体验与探索、霍兰德职业兴趣测评、迈尔斯–布里格斯人格类型测验(MBTI)、加德纳多元智能测评来助力孩子设定目标。其次,阅读名人传记也可以帮助孩子设定目标,一是他人的成功经历是一种替代性经验,可以帮助孩子提升自我效能感;二是名人传记中会分享一些名人在面对苦难时的态度和方式,促使孩子进行探索。再次,名校研学可以增加孩子的见识,使孩子更清楚自己的目标和长远发展。另外,见识榜样也是助力我们设定目标的一种方法。什么样的人算榜样? 榜样必须拥有成熟的价值观;榜样在某方面有一定的成就;榜样必须是孩子喜欢的。在生活中,我们可以多介绍孩子认识一些潜在的导师或专业人士。

第三,传递家长自己从生活工作中获得的目标感和意义。在"何谓意义"中我们讲到意义来自人际关系、创造性的工作、对待苦难的态度、价值观的影响。家长可以从这四个方面跟孩子分享自己的经历。例如,家长可以跟孩子聊一聊自己对苦难的态度,有没有积极面对苦难的时候,有没有消极面对苦难的时候,积极面对和消极面对对自己的生活乃至人生有什么不同的影响。记得在《少年志》课程上,我提出了"能力与学历孰重"的问题,有一个小女孩认为学历更重要,她说妈妈的学历不太好,虽然妈妈经营了一家小公司,但是妈妈经常说现在自己想去学习,却发现学习起来比较困难,很多知识都听不懂,原因是之前上学少,对知识和文化的理解能力比较低。这个小女孩对学习的观念就受到了妈妈的经历的影响。还有一个孩子在高三时给我打电话,说最近学习特别累,想去北京散散心,不知道这样的想法是不是正确。这个孩子想考一所好大学的动力十足,但由于基础较差,常常付出了很多努力,却看不到良好的效果。我对孩子的想法表示了支持。孩子从北京回来后,告诉我有两个很大的收获。第一个收获是在北京上学的研究生姐姐和姐夫跟他聊了许多大学生活、研究生生活,他们的目标和状态重新点燃了他要上一所好大学的动力。第二个收获是他在火车上遇到了一位农民工叔叔。农民工叔叔说自己没上过学,只能在外面打工,现在每天的工作非常辛苦,告诉孩子一定要好好学习。令孩子特别感动的是,农民工叔叔还在火车上请他吃了一碗泡面。孩子感受到农民工叔叔在发自内心地跟他分享人生经历和建议,孩子也对生活有了不一样的认识。

　　谈及此,我知道很多父母也会给孩子一些建议,叮嘱孩子要好好学习。我想问各位父母一个问题：对于相同的内容，大家分别在对自己的孩子表述和对别人家的孩子表述时，传达的感觉是否一样？很多父母说自己给出的建议对孩子无效。那么，这是因为自己的孩子跟别人家的孩子不一样，还是因为我们对自己的孩子说话的方式与对别人家孩子说话的方式不一样？我们在对待别人家孩子时是温柔的，并能发自内心地去关心他们、去分享自己的人生经历。但我们在对待自己的孩子时，常常以一种教训孩子的态度和控制孩子的方式来传达想法，孩子感受不到关心，感受到的反而是否定和不认可，自然也就不可能从父母的话中获得目标感、意义和努力的动力。所以，父母要觉察自己对待孩子的方式，放下姿态，促进良性的沟通。

第四，鼓励孩子的独创精神。意义和创新一定是相关联的，当我们越去思考意义，我们就越容易创新。我在中国科学院心理研究所学习的时候，有一位教授说："现在的孩子已经没有了思考的空间，创新变得越来越难。"为什么会出现这种情况？无论是家长还是孩子，他们的生活都被安排得满满的，家长需要工作，孩子需要学习，而在学习和工作之余，大家的时间都被手机占用了，因此缺少了思考的空间。家长一定要让孩子拥有自己的时间，给孩子思考的空间，允许孩子"发呆"，"发呆"也是思考的一种方式。

第五，培养孩子的心理韧性，鼓励他从失败中学习。心理韧性跟积极的关系相关，如果一个人有积极的关系，当他遇到挫折和困难的时候，他会被大家安慰、鼓励和支持，他容易从挫折和困难中走出来。

第六，注意培养孩子关爱他人、服务社会的价值观。如果一个人在积极关系中是有价值的,他就会体验到意义感。家长培养孩子价值观的前提是自己要做出表率,只有家长自己是关爱他人、服务社会的人,才有可能引导或影响孩子成为关爱他人、服务社会的人。家长可以尝试带着孩子参加一些义工组织,做一些服务社会的事情。

第七,传授实践性的生活智慧,鼓励孩子尝试各种可能性。家长要多给孩子分享一些自己的生活经历以及自己在生活中总结的道理,并鼓励孩子去尝试。

第八,教会孩子致献他人。很多书中都会有献词页,家长也可以教孩子这样做,让孩子把自己的努力(如一次演讲、一篇文章、一个奖项)献给一个自己所仰慕的人或生命中重要的人。当孩子把自己从事的事情当成一份礼物送给他人时,这件事就会变得更有目的性、更有意义。也就是说,当孩子开始致谢他人的时候,这件事情本身就充满了意义感。

父母课堂

进行意义教育的方法:①观察孩子的兴趣点,激发孩子更大的兴趣,并做启发性的沟通,探索兴趣长远的意义。②帮助孩子设定一个长远的、清晰的目标。③传递家长自己从生活工作中获得的目标感和意义。④鼓励孩子的独创精神。⑤培养孩子的心理韧性,鼓励他从失败中学习。⑥注意培养孩子关爱他人、服务社会的价值观。⑦传授实践性的生活智慧,鼓励孩子尝试各种可能性。⑧教会孩子致献他人。

积极学习

> 积极学习通过认识积极学习系统,识别孩子目前遇到的学习困难,针对性地提升孩子的学习能力和学习动力,让孩子爱学习、会学习。

　　不知道大家在生活中有没有这样一种体验:很多孩子很努力学习但成绩很难提高。当孩子学业成绩不好的时候,我们认定孩子遇到了学习困难,我们的第一反应可能是带孩子去补习班或者找老师给孩子补课。朱永新教授曾分享过一组数据,数据显示,大部分去补习班补课的学生的成绩并没有取得良好的效果,只有少部分学生的成绩有提升。为什么?这在于补习班相较于学校教学方式的核心来说,依旧没有改变。在学校中,老师参照教学大纲来讲课,讲课时会依据全体学生的学习进度,并没有照顾到个体差异;在补习班中,这样的讲课模式或教学方式并没有得到改变,老师在讲课时既没有照顾到学习很轻松的学生,也没有照顾到学习很差的学生。是什么原因导致孩子在学习上遇到困难呢? 个体是有差异的,比如几个孩子做错了同一道题,但出错的原因是不同的,也就是说,每个孩子遇到的学习困难是不同的。学习困难是在孩子智力没有问题的前提下,孩子因神经系统的某种或某些功能性失调,使其在听、说、读、写、算等方面能力降低或发展缓慢,以致陷入学习困难。有一句话说得好:"方向不对,努力白费。"当我们努力的方向是错误的,努力自然就是没有用的。这时候,我们需要构建一个积极的学习系统,找到孩子在哪方面的学习比较困难。学习系统模型(如图9-1)分为五个版块:读题、审题、解题、模板、学习决策。在这一章,我将分别介绍这五个版块的具体内容。

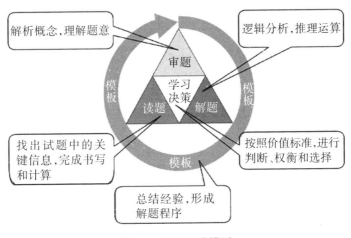

图9-1 学习系统模型

读题

读题指找出试题中的关键信息,完成书写和计算。读题是影响小学阶段(6~12岁)孩子学习的一个重要因素。读题中会出现以下几个问题。

第一个问题是读题过程中少字、漏字问题。例如,当你询问孩子做错试题的原因时,孩子会说自己读题时看漏了几个字。当孩子因为读题少字、漏字而失分时,我们可以让孩子采取指读法,也可以让孩子在读题时发出声音,即朗读法。

第二个问题是字迹潦草。字迹潦草表现在两方面,一方面是卷面潦草,另一方面是草稿纸潦草。现在考试中的一条评分标准就是卷面要整洁、字迹要清晰,卷面潦草会影响教师对考试答案的提取,比如找不到答案的得分点、看不清考生的字迹,这都不利于考试得分。另外,如果草稿纸上的书写是乱七八糟的,也会影响考试得分,因为草稿纸的潦草不便于孩子往试卷上誊写答案,也不便于孩子进行试卷检验。解决这一问题的方法就是让孩子练字,比如我们可以让孩子每天用三分钟或五分钟的时间去临摹,不用要求孩子必须把字练得非常漂亮,但我们应要求孩子把字写得工整一些。针对草稿纸潦草的问题,我们可以让孩子在演算之前先把草稿纸分成四宫格、六宫格或九宫格等,一目了然,方便孩子快速查找。

第三个问题是注意力不集中。注意力不集中更容易出现在6~12岁的孩子身上。针对这一问题,我们可以利用番茄钟、舒尔特方格等工具帮助孩子提高注意力。

第四个问题是不检验。孩子经常会因为粗心而失分,所以我们一定要让孩子养成检验的习惯。

审题

审题指解析概念,理解题意。审题中有两大问题:理解题意问题和记忆问题。

第一个问题,理解题意问题。有很多孩子做错试题的原因是没有理解题意,我在上学的时候,老师经常说语文是一切学科的基础,学好语文可以帮助孩子理解题意。提升孩子对题意理解能力的方法是提升词汇量,孩子平时要多阅读和多积累,如摘抄一些好词好句。

第二个问题,记忆问题。记忆可以分为记和忆。记代表把某样东西记下来,忆代表需要某样东西时能将其回忆出来。打个比方,记代表在生活中把东西分门别类地归置,忆代表快速把需要的东西找出来。一般来说,小学生记东西时通常采用死记硬背的方法;中学生逻辑思维能力提升,会兼用死记硬背和理解性记忆。死记硬背相当于把东西随意放置,找东西时自然也就难且慢。一个好的记忆方法相当于把东西归类摆放,有利于我们快速找到需要的东西。

在心理学中,记忆分为感觉记忆、短时记忆(工作记忆)和长时记忆。感觉记忆的时间极短,记忆痕迹容易衰退,比如在别人说出电话号码后,你重复了一遍,记住了这串数字,但几秒钟后就会忘记。组块是短时记忆容量的信息单位,一个组块可以是一个数字或字母,还可以是单词、句子。例如,呈现一串无序的数字,人们在一眼之后可以记住7±2个无序排列的数字。工作记忆是处在工作状态中的短时记忆或者在完成当前任务时起作用的短时记忆,容量一般为4个不同类别的词语。长时记忆保存时间长久,容量无限。短时记忆经过编码和存储可以转化为长时记忆。大家要多学习和采用一些好的记忆方法帮助自己编码和存储知识,比如关联记忆、数字记忆、利用思维导图记忆等。心理学家艾宾浩斯绘制的遗忘曲线表明,遗忘的进程是不均衡的,先快后慢,这告诉我们学习之后要及时进行复习。

解题

解题指逻辑分析,推理运算。解题主要涉及对知识点的理解问题。例如,"已知直角三角形两条边的长度,求第三边的长度",我们看到这道题目,立刻能想到的知识点就是勾股定理。通过对某一道题的理解,我们知道用什么公式或什么定理去解答它,这就是审题中对知识点的解题方式。理科中的推理是一种常见的解题方式。文科中也存在解题,比如扩句,提供几个词,让你去扩充为一个句子,这是对文字的解答。如果孩子考试时在这些方面失分了,说明孩子的解题能力比较差。在这里,我要提到一种方法,就是思维导图。思维导图是一种逻辑框架图,可以训练解题能力,我们在生活中可以多用思维导图去进行归类、分析、推导和总结。

模板

模板就是总结经验,形成解题程序。有些家长反映孩子会出现这样的问题:孩子的解题答案是正确的,但是却失分了。这是因为他们的解题步骤不完整,即没有按照程序来解题。

怎样形成模板? 以写作文为例:写作文时是先构思题目还是先构

思文章内容？我认为写作文时一定要先构思主题。第一步，当我们看到一段文字材料时，先想一想这段文字材料可以从哪几个方向拟定主题，并用思维导图把它们画出来，然后选择一个自己擅长的方向作为主题来写。第二步，构思完主题之后要构思作文的题目。第三步，构思作文的框架，即构思段落的结构。我们要确定开头、中间和结尾的内容，开头段落一般要起到画龙点睛的作用，中间段落要详略得当，结尾段落要点题和总结全文。第四步，构思文采。我们可以采用古诗词、名言警句、成语等来修饰自己的作文。

若想帮助孩子提高作文成绩，我们可以先阅读一下孩子最近3~5次的作文，然后总结作文成绩低的原因。有的孩子因为作文过于流水账而得低分，流水账式的作文是因为没有一个程序性的构思，孩子主要在形成模板方面出了问题。有的孩子因为写作文时字迹潦草而得低分，这是孩子在读题方面出了问题。有的孩子写作时跑题了，跑题分为两种情况，一种情况是整篇作文跟材料不相关、偏离材料主题；一种情况是孩子没有表达清楚自己的意思，这是孩子在审题方面出了问题。有的孩子写作文时顺序混乱或缺少比喻、拟人等修辞，这是因为孩子缺少对文字的解答。找到原因后对症下药，训练孩子在不同方面的写作能力，助力孩子提升作文成绩。

学习决策

学习决策指按照价值标准，进行判断、权衡和选择。学习决策主要涉及兴趣不足、自信心不足、意志力薄弱三方面的问题。

首先,兴趣不足。

有些孩子对学习的兴趣不足,他们不喜欢或不愿意学习,觉得学习很无聊、没有意思、没有意义。面对这种情况,我们该怎么办呢?

第一个方法,改变认知。王阳明先生认为"知而不行,只是未知"。很多人都明白学习很重要,却不付出行动、没有动力,其实就是不知道学习的重要性。所以,改变一个人的认知很重要。改变对学习的认知可以从学科的内容、学习的意义、学历和能力孰轻孰重、好大学与普通大学的区别四层面入手。例如,在《动能营》课程上,我会介绍每一门学科的重要性,跟生活和自己未来的职业的关联。我会让孩子思考学习到底是为了什么,学习有什么样的意义,跟孩子分享一些自己的见闻和经历。我认为学习最大的意义在于提升了个人的学习能力、主动探索解决问题的能力,这有助于个人的成长。我也会提出关于学习的话题,"学习有没有用? 有用和无用的原因是什么? 学历和能力孰轻孰重?"让孩子针对话题提出正反两方面的观点,进行广泛讨论。倾听完孩子的想法后,再给予针对性的回应。我还会让孩子谈谈好大学与普通大学的区别,跟孩子分享一些个人见闻。

第二个方法,游学。父母可以带着孩子去名校游学,与孩子感兴趣的专业的学生进行交流,激发孩子的学习动力和兴趣。

第三个方法,见识榜样。利用榜样的影响力激发孩子对学习的兴趣。

第四个方法,生涯探索。孩子在中学阶段会出现自我同一性危机,自我同一性危机的解除标志是孩子完成了生涯探索(职业探索),

做出了承诺和行动。在中学阶段,我们就要开始重视孩子的生涯探索和生涯教育,并提供相关环境让孩子多去了解和见识不同的职业。

第五个方法,职业体验/访谈。我们可以先通过专业工具的评估或通过咨询帮助孩子确定想从事的职业方向,然后带着孩子与相关职业的人士进行交谈,帮助孩子深入了解这一职业。让孩子树立学习目标,产生学习的动力。

第六个方法,兴趣迁移。当孩子对学习不感兴趣时,我们可以先培养孩子在其他方面的兴趣,比如运动、艺术,当孩子兴趣越来越多的时候,孩子可能会将一部分兴趣转移到学习上。举个例子,我有一位学美术的学员,高考时成绩不错,但却坚持要复读。为什么?孩子跟我聊天时说,自己在高一、高二时过得浑浑噩噩,高三时学习了美术,发现自己非常喜欢美术并想考一所好的美术学校,此时便对学习有了兴趣和期待,他希望考上八大美院之一,所以坚定地选择了复读,这就是兴趣迁移。

第七个方法,提升学习效能感/胜任感。我们可以将第6章所讲述的提高自我效能感的方法应用到学习上。当孩子觉得自己能学会知识以及对学习有了胜任感之后,孩子会逐渐对学习产生兴趣。

第八个方法,积极投入。具体做法可参考第4章"积极投入"中引发内部动机的三个步骤。

其次,自信心不足。

有些孩子可能在学习上遇到的挫败比较多,努力之后没有进步,进而丧失信心;有些孩子可能觉得自己笨,觉得自己不适合学习,对学习没有信心。当孩子信心不足时,该怎么办?

第一个方法,降低期待。父母要适当降低对孩子的期待,鼓励孩子一点一点地进步,不要对孩子有太高的要求。

第二个方法,设定合理目标。如果孩子学习信心不足,孩子目前的成绩一般或比较差,此时设定合理目标显得尤为重要。我们要给孩子设定一个他付出一些努力就能达到的目标,并把目标变为计划。

第三个方法,鼓励更多的小进步。孩子有任何一方面的小进步或做得好的地方,我们都要及时给予鼓励。

第四个方法,见识榜样。草根型的榜样最能激发一个人的自信心,因为此类型的榜样与孩子有很多相似的地方,能引起孩子的共鸣。

第五个方法,寻找有效学习方法。具体做法可参考第10章"积极成就"中的刻意练习。同时,我们也可以去咨询一些教学名师。

第六个方法,利用迁移效应。我们可以利用迁移效应,让孩子把他们在其他方面的自信、坚毅等品质迁移到学习上。

最后,意志力薄弱。

有些孩子觉得学习很重要,但很难保持对学习的长时间投入,三天打鱼两天晒网,意志力薄弱。遇到这种情况,该怎么?

第一个方法,坚持运动。无论什么类型的运动,只要孩子能坚持下去,自制力和意志力都能得到提升。

第二个方法,做决定。父母不要替孩子做决定,要多给孩子一些做决定的空间和机会。

第三个方法,慢呼吸/深呼吸。延长呼气和吸气的时间,让自己的心静下来。

第四个方法,经常想象和谈论自己的梦想。一个经常想象和谈论自己的梦想的人多半是一个执行力强、意志力强的人。

第五个方法,给予及时的反馈和监控。在孩子努力和坚持做一件事情的过程中多给予孩子积极的反馈,这能激发孩子坚持下去的动力,进而提升他们的意志力。

第六个方法,利用迁移效应。如果一个孩子在做其他事情的过程中,被别人确认为一个意志力强的孩子或一个具有坚毅品质的孩子,孩子会逐渐认同自己是一个具有很强意志力的人,他在学习中自然也会刻意坚持。

父母课堂

1.当孩子在学习上表现出兴趣不足时,家长对孩子的培养方法:①改变认知。②游学。③见识榜样。④生涯探索。⑤职业体验/访谈。⑥兴趣迁移。⑦提升学习效能感/胜任感。⑧积极投入。

2.当孩子在学习上表现出自信心不足时,家长对孩子的培养方法:①降低期待。②设定合理目标。③鼓励更多的小进步。④见识榜样。⑤寻找有效学习方法。⑥利用迁移效应。

3.当孩子在学习上表现出意志力薄弱时,家长对孩子的培养方法:①坚持运动。②做决定。③慢呼吸/深呼吸。④经常想象和谈论自己的梦想。⑤给予及时的反馈和监控。⑥利用迁移效应。

积极成就

积极成就旨在通过培养孩子遇到挫折后复原的心理韧性和成长性思维,使孩子能坚持不懈地努力,进而提升其实现有价值的目标的能力。

知识可以产生力量,但成就能放出光彩。孩子将来要想有所成就,不应只满足于获取普通的知识,更多的是在实践中锻炼,在锻炼中学习,在学习中成长。那么,现在请各位家长思考两个问题:

1.获得的成就越高,人就越幸福吗?

2.如果孩子将来想要有所成就,他究竟需要具备哪些条件呢?

请各位家长带着这两个小问题来进入终章的学习,答案将在本章中一一揭晓。

成就与幸福

成就指达成个人的理想和目标。塞利格曼将获得成就的最关键要素简化概括为一个公式：技能×努力=成就。他指出："成就的定义不仅是行动，我们还必须朝着固定的、特殊的目标前进。"心理学家陆洛等通过研究发现，中国人幸福感的主要来源包括了自我控制和自我实现。当今的研究更支持的一个结论是：不是成功带来了幸福，而是幸福带来了成功。许多人总以为是财富和成功带来了幸福，因此拼命追求财富和成功。但一项在澳大利亚所做的研究表明，生活满意度与收入之间存在相当弱的相关关系。虽然它们之间存在正向的关系，但是很小。一旦一个国家的人均国民年收入达到15000美元的时候，幸福感反倒还会随着收入的增加而递减。以美国为例，其GDP（国内生产总值）增长了3倍的时候，国民满意度或者说是国民幸福感却没有太大变化。对其他一些发达国家进行的研究也得出了类似的结论。

那关于财富、成功与幸福的真相是什么呢？它们是互为因果的关系，财富与成功的确有助于幸福，但更多的是，幸福带来了财富和成功。财富与成功是结果变量，幸福则是一个过程变量。一个期待的结果实现了，的确能让我们感受到快乐，但其可持续性很差。

美国一项对青少年的追踪研究发现，那些在16~18岁时生活满意度和积极情绪占比最高的一部分人在29岁时的平均收入比其他同龄人平均收入水平高10%，而最不幸福的一部分人在29岁时平均收入比整体水平低30%。在未婚阶段感到自己很幸福的人在将来结婚后的幸福程度为平均值的1.5倍。

对于教育者而言，了解幸福与成就的关系尤为重要。一方面，孩子的幸福在一定程度上与他们所取得的成就，特别是学业成绩有关；

另一方面,让孩子更快乐地学习,也会让他更容易取得优异成绩。孔子曾说过:"知之者不如好之者,好之者不如乐之者。"当孩子在学习过程中体会到幸福感时,无论这种幸福感是来源于情绪、关系、福流、人生意义,抑或是成就本身,他都会更容易获得好成绩。

获得成就的前提——达成一个目标

塞利格曼提出:"生命中有个目标是幸福的,无论是每天阅读一小时,还是努力完成人生重大目标,都是很重要的。"正如美国一句著名的谚语所说的:"当一个人知道自己想要什么时,整个世界将为之让路。"目标可以将人们的需求转化为动机,使人们朝着一定的方向努力。所以一个人想要成功,首先要有一个清晰的长远目标。

若想达成目标,第一步自然是设定具体化、可衡量、可实现、相关的和有时限的目标,即遵循"积极投入"中提及的SMART原则。而后,任何成就的实现都离不开行动,但是很多孩子又会迟迟不开始行动,看起来便像是得了"拖延症"一样。孩子拖延是有原因的,有些孩子希望在有了一个完美的计划后才开始行动;有些孩子的目标过于庞大,不知如何下手;有些孩子动力不足或担心失败。针对上述三种情况,家长可以采取以下应对方式:引导孩子认识到计划是可以在行动过后不断调整的,"与其坐而论道,不如起而行之",实践是非常重要的;帮助孩子分解目标,制订更具体的计划,让孩子明确每一步的具体目标;激发孩子的兴趣,鼓励其多进行尝试,允许孩子在尝试过程中犯错,不断给予孩子鼓励。

当孩子面对的是一个看上去有点挑战性的目标时,可能一时间想不出解决办法,更不知道下一步该如何走,无从下手。对此,我们需要制订详细的计划,引导孩子将大目标拆分成许多个小目标,让每个小目标看上去都有可实现的路径,然后,孩子通过逐个击破这些小目标来完成最终的大目标,整个任务相对而言就会比较容易了。例如,孩子的目标是英语成绩提高 10 分,计划从提升单词量着手,一个月背诵300 个单词,针对这一计划做分解,可以规定每天在某段时间背 10 个单词,并进行自我检验,比如在一张纸上写汉语,对照汉语填写英语。

制定好目标后,接下来需要对过程和结果进行反馈,即监控、评估和调整。监控、评估和调整是达成目标的关键环节,也是孩子需要培养和提高的重要能力。监控主要指他控,是在亲子关系良好的基础上,通过和孩子语言交流来支持孩子的自控发展。对于不同年龄段的孩子,"监控"的表现形式也是不同的。学龄阶段,孩子需要家长较多的陪伴;青春期阶段,孩子需要一定的空间,这时,家长间隔三五天询问一句"目标完成进度如何"即已达到监控的提醒和关注的效果。当孩子做得不错时,可利用建设性语言给予孩子鼓励并与孩子一起总结经验;当孩子没有达到目标或做的不够理想时,帮助孩子寻找内在、外在多方面原因,做出调整。总而言之,教育者在整个过程中要有足够的耐心,不断提示孩子思考"过去一周进展怎么样?""获得了哪些成功或失败的经验?""下一步我要做出哪些改变?"等,这样可以促进孩子形成自我监控、评估和调整的习惯。

孩子成绩不好,一般都会被批评指责,但在孩子有进步的时候,却很少被庆祝。庆祝孩子取得的成功是对孩子的表现及时的、正面的、积极的反馈,需要注意的是,庆祝中的鼓励和奖赏应当针对孩子在行动过程中付出的努力以及取得的进步,而非成就本身。

将上述汇总为目标达成的自我调控模型(如图10-1),可以很清晰明了地看到,目标的达成从设定目标、制订计划到行动是循序渐进的,在行动过程中需要进行监控、评估和调整。若结果不理想,可根据情况分析需要在哪一步做出调整;若达成目标,应当庆祝成功,给予孩子积极的反馈。

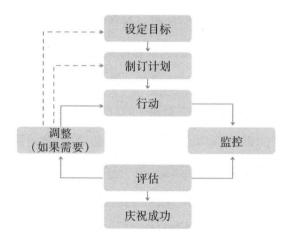

图10-1 目标的设定

成就的关键要素——心理韧性

心理韧性指当一个人面对生活逆境、创伤、悲剧、威胁或其他生活重大压力时,适应良好,能从困难的经历中恢复过来。这也是获得成就的一大要素。巴顿将军曾说过："衡量一个人成功的标志，不是看他登到顶峰的高度，而是看他跌到低谷的反弹力。"心理韧性属于一种品格优势，有些人生而具有较好程度的心理韧性水平，而有些人是需要后期培养的。我在复读备战第二次高考时，一开始是全班倒数第一名，课程都听不懂，与同学之间的差距十分大，由此导致的学业压力、竞争压力、同伴压力都很大，回想起来，若不是当初的坚持，我不会迈进大学的门槛。

与心理韧性相关联的因素有坚强的性格、稳定的情绪、清晰的目标、亲朋好友的支持，甚至是好运气等。具体来说，若孩子天生比较保守或容易退缩，可以通过锻炼增强心理韧性，比如给孩子报名武术一类的培训班，通过专业人员的协助，评估孩子所能承受的压力，然后进行适当的突破。情绪的稳定是应对挫折的基本心理条件，消极情绪会激活交感神经系统从而增强生理性唤起，这种唤起会缩小人的注意力范围；而积极情绪会让注意力和行动得到舒展，让人更有创造力，灵活且包容。引导孩子学会情绪调控，可以利用在"积极情绪"一章中详细讲解的调节消极情绪的 NABC 法与所列举的提升积极情绪的多个方法。此外，目标越清晰，抗挫能力越强。当人际关系是良性时，社会支持度高，对人的抗挫力自然有所助益。

在教育中提升孩子心理韧性有三个关键。第一是关心和支持，在孩子成长过程中，最重要的因素是至少要有一个成年人与其密切相关并给予关爱，这种关系为孩子提供了稳定的情感、关注、信任感及关心和支持，从而提升孩子自我认同感和自我效能感，进而培养孩子的心理韧性。第二是适当的期待,要认可孩子的优势和价值,而非只关注他们的问题和不足,教育者越认可孩子,孩子的自尊水平便会越高、越相信自己是有价值且有能力面对困难的。第三是参与的机会,教育者要让孩子有机会与他人联系,培养孩子构建积极关系的能力,且发展自身兴趣,在此过程中让孩子感受到将一件事情做好的不易、体会挫败,并从中获得宝贵的生活经验。

成就的终极品质——坚毅

宾夕法尼亚大学心理学专家安杰拉·达克沃思在回顾了大量文献和案例之后,发现那些对长期目标抱有高昂热情并且在困难面前坚持不懈的人更容易成功。达克沃思在2013年的TED演讲中谈道:"向着长期的目标,保持自己的激情,即便经历失败,依然能够坚持不懈努力下去,这种品质就叫作坚毅。"

研究者对139名宾夕法尼亚大学的本科生进行研究后发现,有较高智力水平的学生能考取好的成绩,有较强的坚毅品格的学生则能考取更好的成绩。更重要的是,在智力水平相当的情况下,那些更坚毅的学生的成绩更好。也就是说,排除智力的影响后,坚毅的品格依然可以影响一个人的学业成就。在一项西点军校的1218名一年级新生参加的研究中,坚毅测试的结果能够预测哪些新生能完成人称"野兽营"的艰苦夏季训练,哪些新生会被淘汰,而且比其他任何测试(包括智力测试、身体素质测试、领导潜能测试等)都要准确。这种情况同样在美军特种部队以及房地产行业的销售人员中得到了验证。在对世界拼字大赛选手进行的研究发现,毅力测试和语言智能的测试能够预测哪些孩子会进入最后一轮比赛。在年龄和智力水平相同的情况下,坚毅的孩子较之于其他孩子进入最后一轮比赛的概率高出21%。进一步的统计分析表明,坚毅的人比其他参赛者具有更好表现的部分原因是他们花了更多时间来学习单词。

通过上述三项研究结果我们发现,那些一直坚持朝着自己目标努力的人,在经过日积月累之后,这种坚毅的品质能为他们积蓄大量的能量,最终使他们获得成功。而热情与坚持正是坚毅品格的两个重要内涵。热情是对目标保持持久的兴趣;坚持是持续地为长期的目标付出努力,即使这种付出并不能获得及时的回报。

我们在培养孩子坚毅这一品质时,可以从四个特质入手。

第一个特质是兴趣,孩子的热情始于真心喜欢他所做的事;第二个特质是练习,指全心全意地投入练习,寻求进步,达到纯熟的境界;第三个特质是意义,深深相信自己在做的事情有意义、很重要,这样才能保持热情;第四个特质是保持希望,希望不是简单地说一说"我感觉明天会更好",坚毅的人内心抱持的希望和运气无关,而是和"再次爬起来"的信念有关。

培养孩子坚毅品质也可以从环境驱动力方面着手。

第一个环境驱动力是榜样的力量。首先,父母以身作则,对目标充满热情和坚毅,为孩子树立榜样作用。其次,自己的教育方式能鼓励孩子效仿自己。

　　第二个环境驱动力是课外活动。如果一个孩子能投入到一个他感兴趣的、擅长的活动中,他一定能获得相应的成就。从越来越投入活动到取得成就的过程中,孩子自然而然就能培养出坚毅品质。同时,坚毅品质可以迁移到其他方面。也就是说,当孩子通过一个活动培养出坚毅品质时,孩子在做其他事情时也就有了坚持到最后的信心。什么样的课外活动容易培养坚毅品质? 首先,课外活动需要一个成年人来掌控全局,且这个成年人不是家长本人。其次,课外活动的宗旨就是培养孩子的兴趣。有些父母反映自己给孩子找了兴趣班或培训班,但是孩子不愿意坚持,去过几次之后就不想再去了,或者要考级考证了,孩子不愿意坚持练习等。此时我想问一个问题:"培养这个兴趣必须要考级或考证吗?"兴趣培养的一个目的是放松自我,另一个目的是培养可以迁移到其他活动中的品质。为什么一定要考级或考证呢? 考级或考证固然有利于今后的学业发展和就业选择,但前提是先注重对孩子兴趣的培养,至于孩子未来要不要把兴趣发展成职业,这是在孩子有了兴趣之后的可能性选择。比如一个孩子喜欢弹钢琴,每天能弹40分钟,那么家长不要为了考级而让孩子每天弹2个小时、3个小时,让孩子保持40分钟的训练即可,孩子通过每天40分钟的练习感受到的是放松、快乐和进步,当孩子对弹钢琴越来越有兴趣、感觉自己弹钢琴的水平越来越好时,孩子就会主动选择考级或更进一步的发展,主动增加每天弹钢琴的时间。当孩子的钢琴考到一定级别时,父母可以问孩子一个问题:"孩子,你要考虑一下,未来要不要把钢琴作为自己的职业。"如果孩子决定未来从事这一职业,那么可能以后每天需要进行 4 个小时或者更长时间的钢琴训练,我们要让孩子自己去进行选择。再次,课外活动能同时将趣味性和挑战性结合在一起。最后,课外活动需要孩子坚持投入一年以上,不要频繁分散孩子的精力。满足以上四个条件的课外活动更容易培养坚毅品质。

第三个环境驱动力是组织文化的影响,即身份认同对坚毅品质的培养有强大的影响力。例如,想要坚持跑步的人可以加入一个有组织的跑步团体,彼此鼓励和支持,并以此获得一种身份认同。在身份认同下,我们更容易去坚持一件事件,慢慢培养出坚毅品质。

刻意练习也可以塑造坚毅的品质。

达克沃思提到,训练会改变大脑结构,潜能可以通过练习被构筑;在某一领域刻意练习,会让与该领域技能高度相关的脑区域发生变化,如脑灰质增多、脑神经元重新布线等。

人类大脑中有一个部位叫海马体,它是大脑中涉及记忆发展的部位,通过空间导航和记住空间中事物的位置,能够激活海马体。伦敦大学的神经系统科学家埃利诺·马圭尔研究发现,伦敦出租车司机大脑中的海马体比其他人的海马体更大。与出租车司机相比,公共汽车司机的海马体小很多。这是因为公共汽车司机虽然也在伦敦开了好几年车,但他们只反复走一条路线,不必去思考从甲地到乙地的最佳线路。而出租车司机需要记忆 25 万条道路和城市不规则的布局。大脑在很大程度上像肌肉和心血管系统响应体育锻炼那样,会为应对各种不同的心理训练而改变。如果一个人足够多地练习做一件事情,他的大脑会改变某些神经元的用途,以帮助他完成那件事情。

刻意练习与盲目苦练不同，如果不花费长时间进行刻苦的、有目的的、有反馈的高效练习，没有人能够获得杰出的能力。在培养孩子技能方面亦是如此。

刻意练习有如下几个特点。

第一，刻意练习发展的技能，是其他人已经总结出怎样提高的技能，也是已经拥有一整套行之有效的训练方法的技能。这意味着刻意练习不是由你自己创造一个方法去进行的练习，而是在固定的领域、固定的规则下，用前人已经实证过的方法进行的练习。

第二，刻意练习发生在人的舒适区之外，而且要求孩子持续不断地尝试去做那些刚好超出他当前能力范围的事。也就是说，挑战要比能力高一些。

第三，刻意练习包含一个清晰的目标，一旦设定了总体目标，导师和教练就可以制订一个计划，以便实现一系列微小的改变，最后将这些改变累积起来，构成更大的变化。这告诉我们要进行刻意练习首先需要制订一个总目标，然后将总目标分解成一个一个更具体的小目标，每一个小目标的实现，构成最后的大变化。

第四，刻意练习是有意而为的，专注和投入至关重要，它需要人们完全关注有意识的行动。怎样判断行动是否是有意识的？当我们进行某一行动时，不需要思考，不需要集中注意力，不需要去判断下一步该怎么做，这就是无意识的行动。如果某一行动需要我们集中注意力，需要我们判断每一步该如何去做，这就是有意识的行动。例如，刚开始学骑自行车的时候，我们需要集中注意力，时刻关注骑车时的动作和情况,这是有意识的;当骑车技能非常熟练后,我们的动作是流畅的,不需要刻意思考每一步该怎么做,这是无意识的。

第五,刻意练习包含反馈,以及为应对那些反馈而进行调整的努力。

第六,刻意练习关注过去已获得的某些技能,致力于有针对性地提高技能的某些方面,进一步完善那些过去已获得的技能。

父母课堂

培养孩子坚毅品质的方法:①从兴趣、练习、意义、保持希望四方面入手。②从榜样、课外活动、组织文化三方面入手。③进行刻意练习。

答疑解惑

1.孩子辍学在家,把自己关在房间里,不和家长交流和见面。面对这种情况,家长该如何应对?

首先,家长要有耐心,也要调试好自己的情绪。家长敲孩子的门得不到回应,跟孩子说话他也不理会,这确实会让家长有一种挫败的体验,并且使家长感到焦虑。家长越焦虑,就越容易带着这种负面情绪去和孩子交流,当孩子感受到家长的负面情绪,孩子就更不愿意回应家长了。我认为孩子不愿意和家长沟通常有两方面的原因:一方面,孩子目前遇到了很大的困难;另一方面,孩子觉得父母不是值得信任的人,跟父母交流是无用的。所以,家长要先跟孩子建立一个良好的关系,调试好自己的心情,然后多去主动跟孩子做一些尝试性的沟通,但是要提前做好不被回应的准备。家长得明白沟通的首要目的不是让孩子立刻说出所思所想,也不是让孩子能立刻回到学校,只要孩子目前能对家长做出一些回应,这就是一种进步。如果孩子一开始确实不回应,没关系,家长依然要保持好心情,并不断给予孩子关爱,孩子一定会慢慢地开始回应家长。

其次,家长也可以寻求其他人的帮助,想一想孩子有没有比较喜欢和认可的长辈,比如叔叔、阿姨、老师,借助他们的力量,让他们对孩子表达一些关心。

最后,如果孩子持续处于此种状态在一个月以上且情况比较严重,建议做专业的心理咨询。

2.沟通完一件事情后孩子迟迟不行动,提醒少了不管用,提醒多了就变成了唠叨,该怎么办?

我们先思考以下几个问题。其一,在沟通过程中孩子是否发自内心地像家长一样重视这件事情,沟通完的计划或目标是否是孩子认可的? 其二,家长认为孩子迟迟不行动,到底是孩子真的没有行动,还是孩子有所行动,只是行动不明显或家长没看到? 对于任何事情,不可能一启动就见效。所以,家长要和孩子聊一聊做事的标准,问一问孩子在哪些方面遇到了困难。启动并且坚持做一件事可能会受到以下三种因素的影响:启动前的准备工作、对目标的兴趣和对过程的兴趣。跟孩子沟通后,如果孩子认同目标,也愿意去行动,但最后迟迟不动,原因是不是准备工作没做好? 这时候可以跟孩子讨论都需要做哪些准备工作并把它们列出来,找一找什么地方成为孩子的障碍,然后共同探讨解决这个障碍的方法。

"提醒少了不管用,提醒多了就变成了唠叨",针对这个问题,家长可以主动询问孩子什么频率和限度的提醒是可以接受的,跟孩子提前商定好提醒的频次。

3.我想给孩子机会,老公却极力反对,我们在养育孩子的目标上,意见不统一怎么办?

意见不统一的问题,从根本上来说是夫妻关系的问题。当夫妻关系出现问题时,常常出现的情况就是会支持对方反对的,反对对方支持的。如果夫妻双方的关系不好,就需要在关系上下功夫。遇到这种情况,我的建议是先缓一缓,不用着急去统一意见,先想一想为什么意见不统一呢?我想爸爸肯定是有他自己的想法以及反对的原因。那我们能不能站在对方的角度上去理解呢?夫妻双方坦诚地谈一谈,相互表达彼此间的想法,在表达的基础之上再去寻找共同点。如果妈妈所言的机会对孩子来说比较好,我认为是可以支持的。我分享一个案例,2014年,我在山西潞城做家庭教育,当时有一位妈妈很想参加我们的课程,但是爸爸坚决反对。我当时还劝这位妈妈不用着急参加,可妈妈不乐意。最后,妈妈还是来上课了,她对我们说:"我和正在上高一的孩子都想参加,可是爸爸不同意,所以,曹老师,你们千万不要告诉孩子爸爸。"我记得在2015年,我们公司举办了第一次年会,当时很多学员带着家人一起来参加,这位爸爸就坐在我旁边,我们聊了一会儿。在这过程中,我了解到这位爸爸从坚决反对到后来选择支持的过程其实很简单。在最初的沟通中,这位妈妈只说课程很好,想要参加,却没有办法说出课程对孩子究竟有什么样的益处。但这位妈妈通过学习后,开始愿意耐心地和孩子爸爸沟通,听取孩子爸爸的意见。爸爸察觉到了妈妈的改变,自然明白了课程的益处,从而选择支持妈妈来学习。

4.孩子的人际关系不好,在和同学交往中比较自负,经常出现不尊重同学的话语,同学反应孩子说话刻薄,我该怎么引导孩子呢?

从提问中看到,孩子的自负和不尊重体现在说话刻薄上。我有个疑问,为什么会刻薄呢?一个孩子是怎么学会说话刻薄的?答案无非就是受到环境影响。孩子生活的主要环境是学校和家庭,这两个环境中,更大的可能性是受到家庭的影响。我们可以去看看在家庭中,是不是某个成员的说话方式是比较刻薄的,让孩子在无意间学会了。这种情况怎么办?家长首先要做的是减少家庭环境对孩子的影响,也就是家长做好孩子的榜样,家长自己能做到说话不刻薄。其次是找到孩子人际关系不好的根源,教会孩子和他人相处的更恰当的方式。具体可以怎么做呢?家长在与孩子的沟通中,可以去还原孩子与同学相处的全过程。比如发生矛盾和冲突之时,是什么样的情景,孩子当时具体都说了什么?让孩子去体会一下自己听到这样的语言有什么样的感受,以及会产生什么样的想法。帮助孩子从切身的体验中意识到自己的某些语言是不恰当的,从而减少说话刻薄的行为。

关于孩子自负的原因,无法一概而论。一种情况是孩子觉得自己很聪明、很能干,想在他人面前表现自己,那么他很可能通过做恶作剧和笑话别人的方式来表现。如果孩子的能力确实很强,家长可以引导孩子用正确的方式显示自己的聪明和才干。有一位家长说过,自己的孩子特别爱创造发明,那能不能找个兴趣班或者提供一个环境,让孩子能去发挥他的创造力并获得成就感呢?当孩子的这份力量有一个出口之后，就不会再把精力放在作弄他人上。另一种情况是涉及自负背后的自恋问题。人在成长过程中会自然发展出自恋，自恋分为健康自恋和不健康自恋。什么叫健康的自恋呢？个体是有需要和期待的，对自己的评价是好的，同样也希望别人对自己的评价是好的，能通过自己的努力去达到自己想成为的样子。我是一个比较自恋的人，那我就通过不断的学习去提升自己的能力和价值，这就属于健康的自恋。孩子的自负是不健康的自恋，常常对外表现出攻击性，比如嫉妒、指责他人，但孩子的内心是自卑的。为什么会这样？答案就是孩子小时候的需要未能得到满足。可能孩子表现得不错，家长却总是打击孩子；孩子本身做得还可以，却一直被家长说不可以，这种情况下，孩子健康的自恋就无法发展。因此，家长不要过于严格，要多去发现孩子的优点和肯定孩子的努力。

5. 孩子现在高二了，很叛逆，打游戏、打篮球、早恋，就是不想学习，生涯规划也不感兴趣。孩子说自己的学习成绩不好，规划是没用的。如何让孩子想学习并对生涯规划感兴趣呢？

高中孩子正处于青春期，青春期会普遍出现三大问题。第一是沟通问题，孩子要么不跟家长沟通，要么一沟通就发生冲突。第二是学习动力问题。在青春期，孩子的烦恼增多、孤独感增强，出现同一性危机，所以青春期孩子的学习动力普遍会降低。当动力降低，学习成绩可能就会下降。第三是容易形成网瘾。

对生涯规划不感兴趣以及认为生涯规划对成绩较差的自己没有用处，涉及自我同一性问题。在青春期，建立自我同一性是孩子最重要的任务。自我同一性有几种不同的状态,分别是自我同一性早闭、自我同一性延缓、自我同一性完成、自我同一性混乱。处于自我同一性早闭状态的孩子没有经历过探索,但是却过早地做出了决定,这个决定是由父母或权威人士来帮孩子完成的。处于自我同一性延缓状态的孩子正在探索自我发展问题,还未有结果也还未有行动。处于自我同一性完成状态的孩子知道自己未来想要做什么职业,这个职业需要什么样的能力,以及自己需要学习什么技能。还有一些孩子处于自我同一性混乱状态,孩子也知道目前的问题在哪里,却无力改变,缺乏去探索的动力。孩子就会觉得干什么都无所谓,反正干什么都没用。举一个案例,我在高中时期同样是特别迷茫的,当时被班主任认为是问题少年,我沉迷游戏、旷课、逃学,能出校门就偷溜出去,出不去就在宿舍里把窗帘一拉,开始打游戏,也不去考试。教导主任跟我说:"曹志涛,你就是个痞子。"可是当时的自己真的不想学习吗?其实我想学习,只是感觉很无力,听不懂课,学 1 个小时就坚持不下去了,我当时就处在迷茫和混乱的状态中。我是如何走出迷茫和混乱,决定无论如何也要好好学习的呢?由于我当年不认真学习,导致高考分数很低。高考结束后,很多亲戚朋友和邻居会照常来到家里询问:"你家孩子考得怎么样?考多少分?上什么大学呀?"当他们离开后,我看到母亲和奶奶在默默流泪。那是我第一次真切地感受到我的行为让家人蒙羞了,从那一刻起,我下定决心,我一定要复读,我要证明自己。所以,处理这个问题的方法就是,家长先不要着急,留出足够的时间让孩子慢慢地去了解、去探索。比如我们可以采取旅游的形式,带着孩子去认识各行各业、去接触不同的人群、去进行职业访谈等,这些都可能助力孩子进行自我探索。

6.孩子十岁了,遇到不会做的题不去问老师,也不跟老师交流生活上的事,这种不主动和老师沟通的情况怎么处理?

不主动和老师沟通是十岁孩子的普遍情况,而是否愿意主动交流与孩子的自尊水平以及家庭环境有关。自尊代表自己是否足够喜欢自己,自尊水平高的孩子不容易受到他人的影响。具体体现为:你看我不顺眼不重要,我觉得自己很好。这样的孩子能够保持好奇心,遇到问题会主动寻找答案。孩子在找答案的过程中,如果家长的态度是鼓励并耐心解答,孩子就会觉得自己的问题是被重视的并且能够得到回应,这会让孩子感觉到安全和满足,之后也不会讨厌问问题;如果家长更多的是打击或批评孩子,孩子就会感到不安全和体会到挫败,从而关闭与他人沟通的大门。孩子会在意他人对自己的评价,尤其在意负面评价。

我想分享一个案例,一个女孩在高一下学期辍学,她跟父母的关系很不好,她常常一个人跑到青岛、西安等地找朋友玩。这个女孩在参加《少年志》课程的第二天就决定要去上学。妈妈得知消息后特别高兴,给女儿在另一个县城找了一所学校,女孩直接在这所学校读高二。两个月之后,女儿的成绩在全班排名为第五名,期末考试时成绩为全班第一名、全年级第十名。我有点不敢相信,觉得太不可思议了,她的成绩在非常短的时间内实现了飞跃式前进。我很好奇,在见到孩子后,跟孩子说:"你这次考试考了全班第一名、年级第十名,你太厉

害了,你是怎么做到的? 是不是高一的基础知识学得特别好?"孩子回
答我:"我高一的时候是全班倒数,不想学习,到高一下学期就直接辍
学了。"我继续问:"你的学习基础不好,怎么后来就愿意去学习了?"。
孩子回答:"曹老师,你曾经说过,'愿不愿意学是动力问题,会不会学
是能力问题',我看到妈妈跟着你学习之后发生了很大的变化,我又有
动力了,我得努力学习呀。"我再问:"虽然你努力学习,但是你在高一
时的成绩是倒数,后来还辍学了,高二怎么能进步这么快呢?"孩子说:
"曹老师,你不是说借力吗? 我遇到不懂的问题就去问老师,现在办公
室的老师们都认识我。"我继续问:"你问的都是一些基础问题,老师不
打击你吗?"孩子回答:"没有啊,我本来就不会。"看到孩子的转变,我
知道孩子妈妈功不可没。在见到妈妈的时候,我和妈妈说:"你三月份
来学习,孩子八月份重新进入学校,只用了五个月的时间,孩子就发生
了巨大的改变,这说明你很成功啊。"妈妈告诉我:"不容易呀! 孩子到
学校一个星期就给我打电话,让我去接她,跟我说她不想读了,要离开
学校。"我问:"你是怎么回答的呢?"妈妈说:"我的第一反应是生气。
孩子好不容易愿意去上学了,结果又不想读了,我觉得时间和精力都
白费了,很失望、很愤怒。在去学校的路上,我不断地调整自己,我得
把暑假里学的知识用上。当见到女儿的时候,我跟她说,'女儿,妈妈
特别理解你的不容易,因为过去妈妈不懂家庭教育,导致你在换了一
个环境后面临很大的挑战,确实很难适应。所以妈妈今天来接你,你
来做一个决定,你觉得你想要妈妈接你走,我就接你走,咱们不在这所
学校了,妈妈确实还需要时间去学习和改变。'女儿考虑了一会儿,决

定再坚持一下。这样的情况反反复复,发生好几次。"最终女孩还是坚持了下去,才取得了后来优异的成绩。

7.孩子没有完成制订的作业计划,可以惩罚吗?

教育孩子需要把"无条件"的爱与有规则、有标准的要求相互结合。我想问问家长们,孩子在我这里学习,整体上感觉开心吗?孩子是不是觉得老师比较优秀,也比较幽默?当孩子违反课堂规则时,我批评了孩子,请问这会帮助孩子成长还是会破坏我们之间的关系?事实上,孩子会听取我的建议甚至是批评。这是为什么?因为我已经为孩子储存了足够的爱。如果在孩子还未能感觉到我是一个可爱的、有意思的、有能力的老师时,我就批评孩子,那么孩子就会开始琢磨要如何捣蛋。家长和孩子之间的关系决定了孩子是否能够接受来自家长合理的惩罚。如果家长对孩子的爱是"有条件"的,与孩子之间的关系不好,惩罚孩子一定容易引起反作用。

在给孩子制订作业计划时,合理性同样是非常重要的。如何判断合理性呢?首先,这份作业计划必须是孩子发自内心地与家长协商而制订的。如果家长用"威逼利诱"的方式取得孩子的同意,那么对孩子施加的惩罚就会是无效的。很多家长常常认为孩子同意了,但是当你询问孩子时,孩子会说自己没有同意。当时的同意只是即时的、被迫的、随意的。其次,作业计划中是否包括了今后可能遇到的阻碍?如果只考虑目标,不考虑其他方面,孩子有80%的可能性是无法完成计划的。最后,在作业计划中是否包含了对家长的约束?如果仅对孩子进行约束,孩子会采取无视的态度。孩子在完成计划时,需要来自父母的支持。这个支持就是创造一个安心的环境,保障孩子的计划能够顺利进行。例如,孩子需要父母用什么样的行为去支持自己?需要父母减少哪些行为来支持自己?这些都要考虑进计划中。当家长能够做到以上几方面,孩子将更有信心地去完成计划。

8.如何快速提升亲子关系?

这个问题会让我想起曾经遇到的一位妈妈,记得她当时问我:"曹老师,我遇到的这个问题怎么解决呢?"我回答她:"你得学习。"妈妈回应:"石家庄太远了,我又没什么水平,你能不能教我个办法,让我的孩子从不学习噌的一下变得爱学习。"当时的我脑袋蒙了一下,在思考了5秒钟后,我回复她:"我认为这个目标是合理的,能够实现。你只要做到一件事,孩子就可以噌的一下变得爱学习。"妈妈急切地询问:"什么事?"我告诉妈妈:"你什么时候能够噌的一下提升,孩子就可以噌的一下发生改变。"妈妈听后乐了。现在回归到本题上,如果孩子目前处于小学低龄阶段,家长能够好好学习改善亲子关系的方法并运用到生活当中,那么家长的每一步成长和改变都可能换来孩子很大的变化。家长前进一步能推动孩子前进三步。如果孩子已经到了青春期,那么孩子每向前走一步,都需要家长更多的成长。家长的五步有可能仅能推进孩子一步。亲子关系的提升需要家长付出时间、精力和心力,速成的捷径是没有的。家长能否抓住关键期很重要,错过关键期会事倍功半。此时,建议家长多付出一点,多努力一点,不要太在意孩子的改变是否快速。总之,家长要保持好心态,不问收获,只问耕耘。

9.我家有一对龙凤胎,刚过6周岁,哥哥争强好胜、聪明伶俐、很出众、自信、有主见,但哥哥和妹妹在同一个班级学习的时候,从原本的很自信逐渐变得不自信。一次偶然的机会,哥哥和妹妹报了一个试课班,老师们都很欣赏妹妹。哥哥因为担心没有妹妹优秀,回家后告诉我不愿意去上课了。我感到哥哥很没有安全感,我对此很焦虑。

男孩和女孩的成长存在性别差异,在3~6岁这个阶段,男孩的空间感会优于女孩,比如搭积木、运动等;女孩则在精细动作、情绪表达、语言表达上优于男孩。在学校中,6岁的女孩会比6岁的男孩坐得住,注意力也更集中,这更符合老师对学生的期待,老师自然会更喜欢女孩。在这种情况下,父母需要怎么做呢? 首先,不对两个孩子的行为表现进行对比,不去表达谁做得好或者谁做得不好。因为在这个阶段,女孩一定有很多方面比男孩做得更好。如果将两者进行对比,男孩很容易不自信,尤其男孩还是哥哥的情况下。哥哥可能会想:我是哥哥,我怎么会比妹妹差这么多? 我是哥哥,我怎么比妹妹笨? 其次,父母要主动和孩子沟通。6岁的孩子已经有了自己的性别认同,能意识到男孩、女孩的差别。可以告诉哥哥:"妈妈现在也在学习,妈妈得知,在6岁左右的时候,男孩的发育会比女孩晚1~2年,可能暂时会在很多方面不如女孩,但是在某一个年龄段,比如五、六年级或者初一、初二的时候,男孩和女孩开始变得没有差异。"在一些懂得孩子成长规律的家庭,如果家里有男孩,都会选择比女孩晚一年上学,以此来避免男孩因跟同龄女孩一同上学所造成的自卑感以及不自信。

10.我家儿子14周岁,上初二了,自疫情复课后开始偶尔不去上学,在期中考试前一天失眠,说明天不去考试,再考也考不到之前的成绩,再学也学不会,就没有再去学校。之后班主任和同学来家里找过孩子,当时说好去上学,但第二天又不去了。孩子之前还会主动出门看电影、爬山,现在一直在家里打游戏,不出门,说以后也不去上学了,不接受休学和转学,在家也不注意个人卫生,留长发,喜欢日本动漫,怎么办?

每个孩子都是希望去上学的,尤其是有过优异成绩的孩子。孩子会说不去上学,其中有80%的可能性是在表达情绪。我们可以体会一下,当孩子说着"学也学不好,考也考不好,我以后都不要去上学了",这是一种什么样的心情呢?我感受到的是孩子的无力和无助。孩子没有足够的能量应对当下的情境,他没有办法解决遇到的问题。就算如此,我依然相信,孩子内心仍然对学习抱有希望,期待自己能够突破障碍。这种时候怎么办呢?第一,给孩子多一点关心和陪伴。家长可以带着孩子去爬山、看电影等,专心地陪伴孩子,让孩子能从父母这里得到支持、吸取心理能量。第二,在适当的时候和孩子谈谈心。孩子愿意将心里话说出来,就是一种转机。第三,耐心等待。孩子的转变需要一段时间,家长要做好长时间等待的心理准备。当孩子的心理能量储备充足了,自然会开始发生变化。

11.孩子高二住校,没有学习动力,动不动就说我不读了、要退学,该怎么办?

当孩子到了高二的时候,一定要让孩子对大学的专业有一定的认识,对自己喜欢的或可能喜欢的专业、职业有一些了解。因为孩子的学习兴趣与动力就来自这里,不要等到高考的时候才让孩子考虑填报什么志愿。

针对这一点,首先,父母可以通过给孩子介绍一些大学专业、学校和职业的信息来增加孩子的见识,同时这也能增加孩子对自己可能喜欢的专业、职业的信息储备。孩子的信息储备足够多的时候,会更清楚地认识到完整的自己,了解自己适合干什么,确定自己要努力的方向,确定自己将来的专业和学校。之后,孩子在高一、高二选文理科的时候就可以利用这些信息确定专业;或是在面对其他选择时,也能结合自己的兴趣、爱好、目标、资源等内容,经过深思熟虑后再做最后的决定。

其次,也可以带孩子做一次生涯咨询,让孩子清晰地认识自己将来的职业、大学专业,明确知道自己要考什么大学、学什么专业、未来要成为什么样的人。孩子在高中时期的学习动力就来自这里,明确努力的方向之后,学习动力自然而然就会增强。

最后,如果既想帮孩子激发学习动力,又想帮助孩子改善偏科的现象,可以带孩子做一次学业咨询。

12.初中的孩子与妹妹发生冲突时,要求妈妈一定要表态,怎么做才不会让孩子感觉妈妈偏心?

对于这个问题,最重要的是父母对自己意识的觉察。从父母的意识层面来讲,可能没有想刻意偏心哪个孩子,但是人的潜意识是轻易觉察不到的。当老大不听话、没有按父母的要求做事的时候,父母对孩子的关注和期望就会转移到老二身上。因为这时候的父母会觉得老二没有老大那么不听话,相对来说比较乖巧、听话、容易控制,但却忽略了当年老大也有很乖、很听话的时候。所以,父母经常在无意识当中容易关注和娇惯家中较小的孩子,这样就会让大孩子感受到不公平和偏心。有些时候,我们可以通过跟孩子解释,让孩子知道确实是因为误会,才会让他感到父母偏心。但有时候受到潜意识的影响,父母的做法就会偏向于一方,让老大感受到的就是不公平,感觉自己从来没有感受过父母对弟弟妹妹那样的关心。因此,老大对父母偏心的感觉会非常强烈。

初中的孩子与妹妹发生冲突时,要求妈妈一定要表态。这时候,父母可以表态,但要注意表态的方式。父母在表态的时候,自身的情绪一定要稳定,只有父母的情绪稳定了,才能客观描述事实。当两个孩子有冲突的时候,绝不会有一个孩子是完全没有错的,所以父母在客观描述事实时,需要具体指出两个孩子的错误,明确指出两个孩子各承担多少责任,说清楚在这件事情中70%或80%的错误是谁的,另外30%或20%的错误是谁的,然后分别对两个孩子进行批评。

怎么做才不会让孩子感觉父母偏心呢?老大要求父母不能偏心时,其实真正要求的不是吃喝、衣服等都必须是一样的,而是希望父母多关注自己,因此,父母平时应该多和老大沟通,多给老大一些关心和陪伴。当老大感受到父母对自己的关心和爱的时候,就不会关注父母公不公平、偏不偏心的问题了。

13.孩子总是没有缘由地发火和烦躁,并且自己不能控制,怎么办?

如果孩子的年龄在12到16岁之间,容易发火和烦躁是一种正常的现象。因为12到16岁是最容易产生激烈、频繁心理冲动的年龄段。这个年龄段的孩子很难控制自己的情绪,心情容易烦躁,特别容易冲动。一般来说,孩子过了16岁,情绪问题就会减少。

孩子在12到16岁之间,容易发火和烦躁的原因特别多。首先,从生理上来说,这个年龄段的孩子会分泌大量的荷尔蒙激素,这会导致孩子的情绪比较焦躁。其次,从心理上来说,孩子正处于自我意识的发展阶段,格外重视自己的外表、相貌,十分在意别人的评价,自尊心比较强,自尊水平却比较低,开始探索自己的个性等。

父母要想缓解孩子容易发火、烦躁的现象,就要给孩子提供正确宣泄情绪的渠道,比如运动、读书等。父母也可以在孩子愿意跟父母聊天的时候,和孩子聊一聊,倾听一下孩子的压力。在聊完之后,还可以跟孩子分享一些调理情绪的小方法。例如,深呼吸就是一个缓解情绪的有效方式。教孩子呼吸慢一些,呼气和吸气都保持在5~6秒之间,做2~3分钟,如果没有变化就继续做2~3分钟,直到情绪平稳下来。渐进式肌肉放松技术也可以帮助孩子调节情绪。让孩子想象自己的手在用劲儿,用力捏上几秒,然后慢慢松开,反复做,直到情绪平稳下来。如果父母有时间,也可以和孩子一起做五分钟的冥想,调节当下的烦躁情绪。

14.我家儿子初三了,属于研究型人格,想往电竞方向发展,家长怎样助力孩子树立人生目标?

首先,孩子想往电竞方向发展,可能只是孩子觉得自己喜欢玩游戏、玩游戏的技术也特别好,但这些并不代表孩子玩游戏的技术在这个领域里面真的很好。因为游戏通常会在孩子的学习区里设置难关,让孩子学习一下、练习一下,孩子很快就能掌握技巧,并且成功过关,之后会越来越想玩,所以很多孩子都想往电竞方向发展。但是,超出学习区的部分叫困难区,孩子通过努力达不到困难区中设定的目标和关卡,很可能就不想玩游戏了。因此,有时候孩子玩游戏玩得好,可能只是因为游戏设置的好,并非孩子擅长此领域。如果孩子特别想在电竞行业发展,家长可以先带孩子了解电竞,去主要做电竞的公司看一看,了解一下从事电竞行业的门槛和标准。

其次,提问中只表明孩子属于研究型的人格类型,无法做出准确的判断,还需要做其他的测评。我们在进行职业生涯规划时,一般需要用到三个测评,一个是霍兰德职业兴趣测评,另一个是迈尔斯·布里格斯人格类型测验(MBTI),还有一个是加德纳多元智能测评,综合三个测评的结果给出建议。只从研究型的人格类型来看,研究型的人愿意钻研抽象的概念和深度的知识,比较偏向理科,适合研究方向的职业。家长可以从这个方向出发,看看有没有孩子喜欢或与孩子人格特征相符的职业,同时可以带孩子做一些职业访谈,了解职业信息。

15.初中的孩子认为好人没好报,并且用身边的事实证明自己的观点是对的。孩子的价值观有问题,怎么办?

孩子十几岁时,正是价值观的探索期、形成期。在这个时期,孩子的价值观非常不稳定,容易受身边人的影响,并且在一个观点形成时,会不停地在生活中找证据,证明这个观点是对的还是错的。直到二十几岁时,孩子的价值观才会慢慢稳定下来。因此,孩子在十几岁时有一些危险的想法和不正确的价值观是正常的现象。

当父母知道孩子有危险的想法或不正确的价值观时,首先,要和孩子聊一聊这个想法或价值观的来源,了解一下孩子为什么认为好人没好报。其次,向孩子表明,不管是好人还是坏人都会有一些意外情况发生,并非好人做了好事就能平平安安,坏人做了坏事就能得到报应。最后,多让孩子去了解一些榜样人物和他们的事迹,给孩子传递正确的价值观。

16.与孩子约定写完作业再玩手机后,孩子写作业时还是会走神并要求玩手机,需要等到作业写完以后再玩吗?

孩子写作业时要求玩手机,需要等到作业写完后再玩吗?这是肯定的。孩子写作业时最基本的规则就是,孩子可以选择先玩一会再写作业,也可以选择写完作业再玩,但是不能在写作业期间玩手机。如果孩子觉得累,父母可以允许孩子有五分钟的休息时间,但是不能玩手机。孩子写作业时,从没有规则到有规则需要一个过渡期。父母与孩子约定好后,面对孩子写作业时玩手机的要求一定要拒绝,让孩子知道父母对在写作业期间不能玩手机这件事上没有任何商量余地。这样做才能让孩子以后减少玩手机的次数,慢慢适应写作业时不玩手机。

针对孩子写作业时走神的问题,首先,我们尽量让孩子坚持认真写作业,减少走神的次数。其次,孩子走神的情况特别严重的时候,即便不玩手机也很难回过神来继续学习,这时候父母可以让孩子先休息五分钟,让孩子站起来做一些运动或者与孩子聊几分钟,还可以教孩子一些放松的技巧,比如慢呼吸、与孩子一起练习冥想等,都是很好的办法。

17.15岁的孩子和有抑郁型人格障碍的朋友一起玩,需要阻止吗?

第一,我们要确定孩子的朋友是否真的有抑郁型人格障碍。

第二,我们要关注孩子跟朋友一起玩时的聊天内容。父母可以通过和孩子沟通交流,了解孩子跟朋友一起玩时经常做什么,有没有对孩子产生负面影响。如果父母直接跟孩子说这个朋友有抑郁症,别跟他一起玩,可能会对对方造成很大的伤害。之前有一个患抑郁症的孩子来找我做咨询,他辍学的原因就是,他被诊断出抑郁症后,他的班主任知道并告诉了他们班同学的父母,与他关系最好的同学被父母要求不要跟他玩。所以,我们可以在孩子跟朋友一起玩的时候,把握住孩子们交往的过程,没有必要阻止孩子与朋友一起玩。

第三,可以借这个机会让孩子增长一些知识。让孩子了解什么是抑郁,面对抑郁的朋友能给予哪些帮助。

18.我家儿子上小学了,坐不住,不想动脑筋思考,怎么办?

每个孩子的学习方式和学习风格都不一样,这一点在小学时期比较明显。从孩子的性别来看,女孩比男孩更适合现在的教育方式和环境。女孩容易坐得住,能静下心听老师讲课;男孩比较好动,容易坐不住。从孩子的性格来看,有的孩子适合动脑筋思考问题,能举一反三延展知识;有的孩子会把问题一条一条地列出来写在纸上,不在脑子里思考太多内容;有的孩子喜欢在和别人交流、分享的过程中学习;有的孩子就适合一个人思考和学习。因此,家长在思考如何让孩子认真学习之前,要先识别孩子的学习风格,再有针对性地给孩子提供适合他的学习策略。不要认为孩子必须一个人安静地坐在书桌前并且动脑筋思考才叫学习。平时,家长可以多观察一下,自己的孩子不太想动脑筋思考是因为不会,还是因为不属于这种学习风格。

19.我家儿子上一年级了,不爱写字,口头问都会,一写就错,而且写字就磨磨蹭蹭,家长该如何引导?

一年级的孩子不爱写字是一种普遍现象。因为与写字相关的一种能力叫精细动作技能,孩子需要握住笔,一笔一画地写,这是一种精细动作。而一年级孩子的精细动作技能还在慢慢发展,所以,写字慢、不爱写字是一种很正常的现象。

在孩子小的时候,这种现象在性别上的差异特别明显。这时候,女孩写字一般比男孩快,男孩精细动作技能的发展远远比不上女孩精细动作技能的发展。因此,家长在看到孩子写字磨磨蹭蹭或不想写的时候,要有耐心,不要催促孩子,孩子写字慢不是因为他做事拖拉,而是因为他的精细动作技能还处于发展中。可能孩子本身就已经感觉到自己没有女同学写得快、写得好,此时父母又批评他写字慢、写字难看,孩子就会受到打击。如果孩子写字的时候经常被这样批评、对比,他会写得越来越慢。

不过家长也不必过于忧心，可能到了二三年级，男孩精细动作技能的发展就会逐渐跟上女孩精细动作的发展。所以，孩子写字的时候，就让他慢慢写，不要催促他，也不要要求他写字必须多么工整、多么好看。

20. 孩子上高中了，写作业需要查阅手机，但总会忍不住玩手机，家长该不该一直盯着？

首先，我建议不要一直盯着高中的孩子写作业。因为，进入中学以后，从大脑认知发展的方面来说，孩子的元认知能力正在提升。简单来说，就是孩子对一件事情的组织目标、计划、调整的能力开始提升。孩子的这些能力在脑中发展的同时，外界还需要提供匹配的能力训练，给孩子空间和支持。因为，如果这些能力只在脑中发展，没有相应的训练，那么孩子今后的发展就会不同。例如，孩子的行走能力在一岁时开始发展，有的孩子从此时就开始练习走路，练习两三个月后就会走了；而有的孩没有练习过走，那这个孩子一岁半时也不一定会走路。所以，孩子的成长需要两方面的协同配合，既要孩子大脑发育成熟，还要有外界的训练。孩子上高中了，家长还一直盯着孩子写作业。这样做，就是外界的父母没有给孩子空间，没有提供能力训练。因此我们建议父母不要盯着孩子写作业，但父母可以跟孩子达成一个约定，与孩子约好21天写作业时不玩手机。在约定开始的时候，父母可以先盯着孩子学习7天，7天之后其他方面都不改变，唯一变得就是父母不再盯着孩子学习。

如果孩子写作业时需要查阅手机,父母可以提前跟孩子做一个约定,让孩子先把不需要查阅手机的作业内容完成,把需要查阅的内容标注出来,留到最后查阅。

21.初中男孩做作业抄答案,说抄完就会背,该如何引导?

孩子做作业抄答案可能跟周围环境有关系,孩子身边的朋友、同学都抄答案,孩子感觉别人都这么做,自己不这样做有点亏。这是孩子适应环境的结果,把抄答案的行为变得合理化,而且还告诉自己"我会背"。

面对这个问题,第一步,家长可以跟孩子商量哪些题可以独立完成、哪些题可以查看答案,先用这种方式缓和孩子抄答案的情况,让孩子自己先完成简单的题。第二步,家长可以询问孩子背了哪些题,告诉孩子"你抄完答案、背完题之后,我会一周给你出几道题,检验一下背诵效果"。因为很多孩子觉得自己抄完答案后,背一背就能学会,觉得这是一种学习方法。所以,我们可以通过出题的方式给予孩子反馈,让孩子自己意识到这样背的效果好不好。最后,让孩子自己总结,用抄答案的方式写作业好不好,好的话好处在哪里,不好的话坏处在哪里。

22.我家女儿正在上初三,还有两个月中考,没有学习动力,晚上玩游戏到10点,学校要求6点到校,她8点到校!周末不按时返校,就这状态还想考重点高中?! 可能连普高都考不上! 我该怎么办啊?

从问题的语句和标点符号中可以感受到父母对孩子的意见很大,但这种意见可能会对孩子造成一些负面影响。孩子已经临近中考,本身压力就大,父母就不应该对孩子有更严厉的要求了,否则等中考的时候,孩子可能为了赌气连考试都不去了。这个时候,父母先不要管孩子能不能考上重点高中或普通高中,因为距离中考只有短短两个月,孩子目前的学习情况和状态在很大程度上决定了能不能考上高中。如果孩子最后两个月特别努力、特别用功地学习,然后再加上老师一对一的辅导,孩子肯定会有进步,但这种情况比较少。所以,父母现在应该做的是,让孩子把自己现有的水平发挥出来。孩子面临中考,一定会有压力。孩子为什么玩游戏玩到十点,早上不愿去学校?难道她心里就很轻松吗?觉得无所谓吗?孩子内心一定也很焦虑,这种焦虑在影响她的行动,所以孩子就表现得特别颓废,不想去学校。在这种情况下,我建议父母应该多给孩子一些关心,不要对孩子强调"只有两个月就考试了,再不努力,重点高中考不上,想考普通高中都很困难"。这种话对孩子没有积极的作用,只会让孩子觉得"既然怎么学都考不上,为什么还要学",孩子会变得更不想学习,更没有学习动力。所以,父母要给予孩子关心和鼓励,这样孩子可能还会鼓励自己努力学习。

从最后的结果来讲,离中考只有两个月了,时间很紧,即便孩子有进步,也不会有质的飞跃,所以孩子考完后出现什么结果,父母就接纳什么结果,在当下的结果上给孩子规划下一步该怎么走。

23. 孩子依赖网络,去过戒网瘾的学校。有一天晚上孩子把卫生间门反锁玩手机,父母砸门并强行用钥匙开门,抢了手机并告诉他是为了他好,等他有自控力了,再自己管理手机。他撒泼并大声吵闹,我该怎么引导?

父母的行为是不合理的,当孩子使用手机时间过长,已经形成网络依赖的时候,强行让孩子做什么或不做什么都是没有效果的。

首先,孩子去过戒网瘾的学校,那么这个学校是怎么戒网瘾的?最早的戒网瘾学校就是靠打孩子,打的孩子不敢上网。因为这所学校请的根本不是心理老师,而是学武术的人,这些人可能有暴力倾向,打的孩子不敢上网,父母却认为那是好学校。有的戒网瘾学校打着青少年心理辅导的旗号招收学生,我有一个学生前年去那待了三个月,等他回来后,我问他在那怎么样,他说:"里面就是不让玩手机,如果有学生不听话,翻墙出去或是有攻击、自残、自杀行为,就绑到床铺上。"这时候,被绑的孩子是会产生心理创伤的,他们那里虽然有心理辅导老师,但并不专业,只是告诉孩子"你不要再挣扎了,没有用的,这里管得很严,你必须熬到时间"。这种学校虽然不打孩子,但会让孩子感到绝望。我问那个孩子:"你感觉怎么样?"他说:"出来之后,我确实感觉手机对我没有那么大的吸引力了,但过了一两个月后就又想玩手机了。"去年这个学生给我打电话说不想上学了,想做微商、直播、小视频之类的工作。孩子从戒网瘾的学校出来后,虽然在短时间内对手机不感兴趣了,但回到校园后可能跟不上课、交不到好朋友。在现实中遇到解决不了的困难时,孩子就又继续回到手机的世界里,所以这些戒网瘾的学校一般是治标不治本。

其次,父母要记住,千万不要跟孩子在玩手机的问题上起硬性冲突。孩子沉浸在手机中往往是因为孩子在现实中的困难解决不了、需求达不到满足,手机对孩子来说已经不是一个放松和娱乐的工具,而是自己的全部,是自己活着的意义。所以当父母打着为孩子好的名义抢手机的时候,孩子就会感觉自己生活的意义没有了、世界崩塌了,更无法理解父母为什么在抢走自己的全部、毁掉自己的世界后,还说是为自己好。例如,父母在砸门、抢手机后,还要说服孩子:"你现在自控力不行,手机会伤害你,以后就懂我的苦心了。"这样的行为只会让孩子感受到"父母看我不爽,我感觉很难过、很愤怒",然后发泄愤怒。因此,父母要站在孩子的角度想一想,反思一下,孩子都已经把门反锁了,父母还去敲门、砸门、抢手机,这时候真的是为了孩子好吗?难道在洗手间里玩一小时手机就会对孩子的人生产生影响吗?真正能对孩子产生影响的,不是把孩子的手机收了,吵一架,然后告诉孩子一切都是为他好,而是孩子当时自身感受到的情绪。所以,父母的这些行为其实是在宣泄自己当时的情绪,觉得自己必须把门弄开,即便没有钥匙也要砸开。其实孩子撒泼并大声吵闹,也是在满足自己当时情绪宣泄的需求。

最后,父母面对孩子网络依赖的问题可以从以下几方面入手。第一,在其他方面寻找孩子可能感兴趣的事物,让孩子有一些兴趣爱好。这在临床实践上叫作替代疗法,就是帮孩子找到一个有优势、感兴趣的事,最好是孩子容易做到的事,来降低孩子玩手机的频率。第二,在孩子的同伴关系方面,要鼓励孩子出去交朋友,或者父母多邀请周围的邻居、朋友来家里玩。第三,在孩子的学业方面,提高孩子的学习动力、学习成绩,当孩子在学习上有学业胜任感时,就有了学习兴趣和学习动力,玩手机的频率自然而然就会降下来。

参考文献

[1]马丁·塞利格曼.教出乐观的孩子[M].洪莉,译.北京:北京联合出版公司,2017.

[2]马丁·塞利格曼.活出最乐观的自己[M].洪兰,译.沈阳:万卷出版公司,2010.

[3]马丁·塞利格曼.认识自己,接纳自己[M].任俊,译.沈阳:万卷出版公司,2010.

[4]马丁·塞利格曼.真实的幸福[M].洪兰,译.沈阳:万卷出版公司,2010.

[5]马丁·塞利格曼.持续的幸福[M].赵昱鲲,译.杭州:浙江人民出版社,2012.

[6]约翰·瑞迪.运动改造大脑[M].浦溶,译.杭州:浙江人民出版社,2014.

[7]戴安娜·帕帕拉.发展心理学[M].李西营,译.北京:人民邮电出版

社,2013.

[8]卡罗尔·德韦克.努力的意义:积极的自我理论[M].王芳,译.北京:

中国人民大学出版社,2021.

[9]陈虹.教师积极语言在课堂中的运用[M].天津:天津教育出版社,

2019.

[10]安杰拉·达克沃思.坚毅[M].安妮,译.北京:中信出版社,2017.

[11]爱尔兰.积极心理学[M].丁丹,译.北京:中国轻工业出版社,

2013.

[12]米哈里·契克森米哈赖.心流[M].张定绮,译.北京:中信出版社,

2017.

[13]芭芭拉·弗雷德里克森.积极情绪的力量[M].王珺,译.北京:中国

纺织出版社,2021.